Arezo Salamatnia

Avaliação económica da reciclagem de resíduos domésticos

Arezo Salamatnia

Avaliação económica da reciclagem de resíduos domésticos

ScienciaScripts

Imprint

Any brand names and product names mentioned in this book are subject to trademark, brand or patent protection and are trademarks or registered trademarks of their respective holders. The use of brand names, product names, common names, trade names, product descriptions etc. even without a particular marking in this work is in no way to be construed to mean that such names may be regarded as unrestricted in respect of trademark and brand protection legislation and could thus be used by anyone.

Cover image: www.ingimage.com

This book is a translation from the original published under ISBN 978-620-2-06092-9.

Publisher:
Sciencia Scripts
is a trademark of
Dodo Books Indian Ocean Ltd. and OmniScriptum S.R.L publishing group

120 High Road, East Finchley, London, N2 9ED, United Kingdom
Str. Armeneasca 28/1, office 1, Chisinau MD-2012, Republic of Moldova, Europe
Printed at: see last page
ISBN: 978-620-5-49673-2

Índice

Capítulo 1
Introdução

Resumo

A reciclagem é a forma mais importante de reduzir o problema dos resíduos. A reciclagem é, de facto, o conceito de controlo quantitativo e qualitativo dos resíduos sólidos e não se limita à recolha de resíduos para reutilização. Talvez o desafio mais importante para a gestão dos resíduos sólidos seja o desenvolvimento do mercado e do marketing para a venda de materiais reciclados e a ênfase no princípio económico deste processo. A composição quantitativa e qualitativa dos resíduos desempenha um papel importante no desenvolvimento de estratégias de gestão de resíduos sólidos urbanos para a reciclagem. Neste estudo, recorrendo à análise física dos componentes dos resíduos e baseando-se nos dados iniciais de 2010 e 2011 da Organização Municipal de Reciclagem de Abadan, foram aplicados indicadores de avaliação económica (economia de engenharia), como o valor atual líquido (VAL), a taxa interna de retorno e a relação custo/benefício, para a avaliação económica da gestão dos resíduos domésticos de Abadan. Os resultados desta investigação indicam que, no que diz respeito aos indicadores acima mencionados, especialmente o VAL, o projeto será implementado se for obtido através de créditos governamentais. Por outras palavras, o governo ou as organizações locais, como o município, para apoiar o projeto pretendido, devem injetar empréstimos a taxas de juro baixas (inferiores a 16%). Na discussão da análise de sensibilidade, esta taxa é inferior a 12%, o que esclarece ainda mais a necessidade de um comportamento governamental mais protetor.

Palavras chave:

Reciclagem, resíduos, cidade de Abadan, avaliação económica, valor atual líquido, taxa de desconto.

1.1- Introdução

A população mundial está a crescer e, segundo as previsões, atingirá 7,2 mil milhões de pessoas em 2015 (PNUA, 2005). Este aumento está associado a uma urbanização crescente, pelo que, segundo as estimativas, dois terços da população mundial viverão em cidades até 2025. De facto, a população urbana nos países em desenvolvimento está a aumentar todos os dias em mais de 150.000 pessoas (UNDESA, 2005). A urbanização em si não é considerada um problema, mas o crescimento errático e não planeado pode causar muitos problemas ambientais, como a destruição de espaços públicos e margens de rios, a poluição do ar e da água e a produção e eliminação de resíduos sólidos (Troschinetz & Mihelcic, 2009). Em comparação com os resíduos industriais e agrícolas, os resíduos sólidos urbanos são os mais heterogéneos (Troschinetz & Mihelcic, 2009). A eliminação de grandes quantidades destes resíduos pode conduzir a problemas energéticos, económicos e ambientais (Castaldi & et al., 2005). Este problema é mais grave nos países em desenvolvimento, onde os seus resíduos contêm uma elevada percentagem de materiais húmidos e orgânicos (Kim & et al., 2009). Assim, os governos destes países decidiram implementar actividades de gestão alternativas; entre elas, a prevenção da produção de resíduos é uma prioridade (Zhang & et al., 2012). A gestão de resíduos urbanos é, na verdade, um conjunto de operações que fornecem o método mais adequado para lidar com os resíduos sólidos urbanos no que diz respeito aos aspectos económicos e ambientais, bem como ao volume de resíduos, custo, recuperação e regras e regulamentos (conesa & et al., 2011). Estas operações abrangem diferentes formas de tratamento dos resíduos sólidos, como o aterro sanitário, a compostagem, a reciclagem e a incineração (Merrild & et al., 2012). A reciclagem de resíduos urbanos é preferida a outras opções de gestão de resíduos sólidos. A reciclagem é o método pelo qual os resíduos são recolhidos e transformados em matérias-primas que depois são utilizadas no fabrico de novos produtos (Agência de Proteção Ambiental dos Estados Unidos, 2002). A reciclagem é considerada uma opção adequada no que respeita aos aspectos ambientais, económicos e sociais (Misra, Pandey,2005. Troschinetz AM , Mihelcic,2009 . Shekdar,2009). Além disso, os dados empíricos sugerem que a reciclagem de resíduos sólidos reduz os danos ambientais e é considerada uma atividade económica que pode substituir as importações. Pode também poupar energia, conservar recursos e reduzir os custos de recolha e eliminação (Bob Jan Schoot Uiterkamp, 2011). No Irão, tal como em muitos países em desenvolvimento, existe um projeto de reciclagem e reutilização convencional (não normativo) em várias cidades. No entanto, este processo não foi totalmente estudado e muitos dos seus aspectos sociais e económicos permanecem pouco claros. Por conseguinte, a realização de mais estudos de avaliação económica dos resíduos é inevitável, necessária e, no entanto, muito útil e económica para lidar com a quantidade de produção de resíduos humanos (Statistical yearbook of Khuzestan province, 2006). A reciclagem de resíduos sólidos urbanos tem sido estudada sob vários aspectos na literatura (Zhao & et al ,2010 . Weng & Fujiwara, 2011. Hamidul & et al, 2012), embora o histórico de investigação sobre o retorno e a eficiência da atividade de reciclagem ainda não esteja amplamente disponível (Rui Cunha & Marques ana aii , 2012). Dada a importância dos programas de reciclagem em diferentes países e o seu impacto nos interesses económicos e ambientais, neste livro, avaliámos o valor económico das actividades de reciclagem de resíduos sólidos urbanos em Abadan, no sudoeste do Irão. Para tal, realizámos uma análise física dos componentes dos resíduos e utilizámos indicadores de avaliação económica, como o valor atual líquido, o rácio de retorno interno e o rácio custo-benefício, com base nos dados de 2010 e 2011 da Organização de Reciclagem de Abadan. Abadan, que se situa no sudoeste da província de Khuzestan e do Irão e no extremo do Golfo Pérsico, tem uma população de mais de 300 000 pessoas (Planning Management Organization of Khuzestan Province , 2016). A gestão dos resíduos sólidos nesta cidade foi sempre uma das questões ambientais mais importantes. A gestão dos resíduos sólidos urbanos de Abadan é supervisionada pelo município. Atualmente, não existe separação na fonte em nenhum município ativo da área estudada e os resíduos são recolhidos em misturas e sem separação.

1.2- Importância da questão

Nesta investigação, a importância do tema está dividida em duas partes: a importância para a saúde e o ambiente e a importância económica.

No que diz respeito à importância para a saúde e o ambiente, é de salientar que a maioria dos produtos à disposição dos consumidores é eliminada após a sua utilização nos caixotes do lixo. Estes produtos são comprados, consumidos e deitados fora sem serem considerados dignos de reciclagem. De acordo com a avaliação do impacto ambiental da reciclagem, conclui-se que a reciclagem de energia e de recursos pouparia energia e seria também eficaz na manutenção dos recursos. Assim, a redução dos processos de construção e produção evitará a poluição da água e a difusão de gases com efeito de estufa e reduzirá também a necessidade de aterros sanitários. A produção de resíduos e a sua transferência para aterros sanitários em algumas comunidades causa alguns problemas associados aos aterros sanitários. A atitude negativa em relação aos aterros sanitários em todo o mundo deve-se à história da deposição de resíduos na cidade, que tem maus cheiros, cenas terríveis, afluxo de ratos e outras pragas e riscos para a saúde dos indivíduos. As emissões de metano dos aterros podem representar um risco de insegurança para os edifícios próximos, provocando o aquecimento global e problemas de ozono urbano. (Podolski, 2001)

A Agência de Proteção do Ambiente dos EUA (USEPA) estima que, com mais de 9000 programas de recolha ao nível das calçadas, 1200 centros de reciclagem e 480 instalações de recuperação de materiais para processamento de materiais, os programas de reciclagem reduziram a necessidade de eliminação de resíduos até 28%. Este valor (28%) representa um declínio notável em 20 anos, o que significa que existe um potencial de 72% de mais materiais que podem ser reciclados ou reutilizados em vez de serem enterrados em aterros. As estimativas mostram que 42% a 40% das garrafas de plástico e 55% de todas as latas de bebidas, 57% de todo o papel, todos os contentores de alumínio e 52% de outros utensílios são reciclados. (Greenli & Peterson, 2004)

A reciclagem também reduzirá a procura de energia e de matérias-primas. Por exemplo, fabricar plástico a partir de resíduos de plástico, em vez de utilizar materiais granulares primários, não só poupará recursos petrolíferos valiosos, como também reduzirá para metade ou menos a energia necessária para o fazer. Uma vez que a redução do consumo de combustível é uma das formas mais eficazes que as pessoas podem adotar para abrandar o processo de aumento do dióxido de carbono, e dado que este gás aumenta a temperatura da atmosfera, a reciclagem deve ser considerada como parte do programa de alterações climáticas. (Davami,2009)

No seu estudo, Mubaraki (1994) analisou os benefícios dos materiais reciclados tendo em conta a percentagem de redução da poluição. Observou-se neste estudo que apenas a reciclagem de papel é eficaz na redução da poluição atmosférica em cerca de 21% e na redução da poluição da água em 85%, e este estudo também mostra os benefícios ambientais da substituição de materiais recuperados em comparação com matérias-primas de fontes primárias. Verifica-se que os problemas de poluição causados por estes processos na linha de produção são reduzidos em pelo menos 11% a 12% em termos de materiais recuperáveis, como o alumínio, os plásticos, o ferro, o papel e o vidro, pelo que a redução da poluição atmosférica e também a redução da utilização de fontes de energia são significativas nas fases de exploração e produção.

No que diz respeito à importância económica da reciclagem, é de notar que a reciclagem a baixo custo é importante tanto por razões ambientais como financeiras. Por exemplo, o petróleo para mover os camiões colectores é tão importante como utilizar este recurso como o petróleo bruto para fabricar produtos de consumo, e as gerações futuras não terão um barril de petróleo bruto para qualquer fim. Uma política precisa requer uma vasta gama de alternativas para comparar as fontes de energia e a mão de obra necessária para todas as alternativas do ciclo de vida (Podolsky, 2001). Para as sociedades que se concentram no crescimento económico, a reciclagem é uma estratégia que deve ser acompanhada de outras medidas de incentivo. Por vezes, as indústrias de reciclagem e reutilização designam-se por "desenvolvimento baseado nos resíduos", que gera oportunidades de emprego e rendimentos. Cria oportunidades de crescimento e desenvolvimento para pequenas empresas e reduz a necessidade de construção de aterros sanitários. Estudos do Centro de Investigação dos EUA para a Informação Económica e "Tagard Trash" mostram que a produção de materiais secundários aumenta até 4 vezes o impacto económico da recolha e do processamento. A taxa e o montante dos salários e vencimentos no sector transformador são superiores aos salários no sector da recolha e da transformação. As fases de recolha e tratamento na região oferecem oportunidades de emprego pouco qualificado e voluntário. Na Califórnia, a investigação do Departamento de Gestão de Resíduos da Califórnia demonstrou que a venda direta total de materiais reciclados tem um impacto económico de 10 mil milhões de dólares, o que inclui 85 000 postos de trabalho, 4 mil milhões de dólares em receitas e 5 mil milhões de dólares em valor acrescentado. A investigação mostra que o potencial de recuperação é muito superior a 70 por cento. Com o aumento dos custos de aterro devido a limitações de espaço mais restritas e a regulamentações ambientais mais rigorosas, devido à redução dos orçamentos urbanos e aos elevados custos da incineração de resíduos e das tecnologias de controlo da poluição, a tendência para a reciclagem aumentará de forma indiscutível. Consequentemente, o papel claro da expansão económica tem sido expresso no desenvolvimento da reciclagem como um desenvolvimento baseado nos resíduos (Green Leigh e Patterson, 2004)

1.3- Razão da escolha do tema

Os três principais processos de exploração ou utilização dos recursos primários, produção e consumo, implicam a produção de resíduos que são devolvidos ao ambiente. Uma grande quantidade de resíduos em locais e momentos inadequados causa danos ambientais aos ecossistemas ou a destruição de recursos naturais e nacionais. Uma percentagem significativa dos resíduos domésticos nas cidades iranianas tem um valor significativo devido ao seu potencial de reutilização, que pode ser reciclado através de um ciclo de reciclagem. Abadan é um dos centros de desenvolvimento da população, e qualquer planeamento para proteger o ambiente nesta cidade pode evitar as consequências ambientais negativas que existem em muitas áreas urbanas. Ao determinar o valor económico dos resíduos domésticos, a gestão dos serviços públicos da cidade de Abadan poderá otimizar o sistema de gestão de resíduos para manter o ambiente e proporcionar saúde pública às comunidades que vivem na zona e reduzir os seus custos. A economia da reciclagem beneficia apenas da mentalidade de custo-benefício. Nesta investigação, tentou-se determinar o valor económico da reciclagem e o efeito da reciclagem no desenvolvimento das actividades económicas, identificando o valor financeiro dos resíduos reciclados em Abadan e compreendendo que se trata basicamente de uma reciclagem económica?

1.4 - Objetivo da investigação

1.4.1- Objetivo principal

Avaliação económica dos resíduos domésticos recicláveis de Abadan

2.4.1- Sub-objetivo

1- Determinação do valor económico dos resíduos domésticos recicláveis em termos de poupança nos custos de recolha, transporte e deposição em aterro.

2- Determinação do valor económico dos resíduos domésticos recicláveis em termos de taxa de separação em relação ao inventário

3- Determinar o valor económico dos resíduos domésticos reciclados utilizando os benefícios gerados pela reciclagem de resíduos.

4- Determinar a viabilidade económica da reciclagem

1.5- Perguntas básicas

1- A taxa de separação dos materiais recuperados está envolvida na rentabilização da sua reciclagem?
2- A reciclagem reduz os custos de gestão dos resíduos sólidos?
3- A reciclagem de resíduos domésticos na cidade de Abadan é economicamente viável?

1.6- Pressupostos básicos

1- O aumento da separação dos materiais reciclados conduz a uma reciclagem mais económica.
2- A reciclagem de resíduos domésticos em Abadan reduz o custo da gestão dos resíduos sólidos.
3- A reciclagem de resíduos domésticos em Abadan é economicamente viável.

1.7- Limitações da investigação

Um dos principais condicionalismos deste estudo é o baixo nível de estatísticas e informações existentes sobre o problema da reciclagem e da análise física dos resíduos urbanos na cidade de Abadan.

1.8- Gestão integrada de resíduos sólidos

A gestão integrada de resíduos sólidos é uma combinação de técnicas, tecnologias e planos de gestão para atingir os seus objectivos, incluindo a proteção do ambiente e o controlo da contaminação causada por estes materiais. Esta gestão abrange todas as secções (resíduos municipais, industriais, agrícolas, comerciais e hospitalares). (Davami,2009)

O presente capítulo aborda estes pontos nas secções um a nove, respetivamente: A compilação da gestão integrada, os objectivos do sistema de gestão integrada, sistema de gestão integrada, Recolha de resíduos, Transporte de resíduos, Seleção de métodos de depósito de resíduos, Reciclagem de resíduos e tipos de reciclagem, Trabalhadores de reciclagem, e revisão da política de reciclagem. Por fim, na última secção deste capítulo, faremos uma revisão dos antecedentes da investigação.

1.9- Os objectivos do sistema de gestão integrado

- Aumentar a informação técnica e pedagógica relacionada com o planeamento e a gestão de resíduos e proporcionar oportunidades de acesso a essa informação ao público em geral, aos gestores e aos contratantes

- Implementação de programas de formação adequados a diferentes níveis (gestores, pessoal e pessoas).

- Realização de actividades para reduzir a produção de resíduos na fonte, incluindo: Reduzir a produção de resíduos tóxicos nos resíduos urbanos, reduzir os volumes de materiais através da alteração dos padrões de consumo, consumir menos resíduos, fabricar produtos mais duradouros, utilizar substâncias degradáveis e com propriedades menos tóxicas, etc.

- As actividades de desenvolvimento no domínio do reprocessamento, da reciclagem e da reutilização incluem o desenvolvimento de métodos de motivação, a formação de ONG, o marketing, o incentivo às pessoas e aos produtores de resíduos, etc. (Yaghmaeian, 2002).

Figura 1 Hierarquia da gestão integrada de resíduos (Abdoli, 2008)

efeitos ambientais. A hierarquia na gestão integrada dos resíduos sólidos é apresentada na figura 1.

O objetivo da gestão global de resíduos é otimizar

o sistema de gestão de resíduos

Por conseguinte, a escolha dos componentes e a

determinação da percentagem de cada secção no

sistema

de gestão de resíduos sólidos

dependem de vários factores. Por este motivo, ainda não existe uma

definição

clara

de um sistema integrado de resíduos. A escolha da hierarquia apresentada

na figura (1) nem sempre pode ser uma escolha óptima para a proteção do ambiente, a economia e a

tecnologia. A opinião pública é que a conceção deve ser flexível e determinar as prioridades de acordo

com a situação da comunidade.

A recente transformação dos sistemas de gestão dos resíduos sólidos urbanos alterou a nossa compreensão da reciclagem. Embora a produção de materiais seja um dos principais objectivos da reciclagem, a transformação e a reciclagem visam outros objectivos que podem ser mais importantes. A produção de materiais e de energia, o aumento da eficiência do sistema de gestão dos resíduos sólidos urbanos, a proteção do ambiente e o desenvolvimento sustentável são objectivos da transformação e da reciclagem (Abdoli, 2005).

De facto, a gestão integrada de resíduos é uma combinação de uma variedade de práticas que, em última análise, conduzem a uma gestão completa dos resíduos com total segurança e de forma a minimizar os seus impactos negativos na saúde humana, no ambiente e noutros organismos. A hierarquia da gestão integrada de resíduos sólidos é a seguinte

1- Reduzir a produção de resíduos desde a fonte (incluindo a reutilização de bens)

2- Recolha e transporte

3- Recuperação de materiais (Incluindo fertilização)

4- Incineração de materiais (Recuperação energética de materiais)

5- Deposição de resíduos no solo (aterro)

No sistema de gestão integrada, o desempenho dos factores acima mencionados deve ser tal que permita formar um sistema completo para uma gestão adequada dos resíduos, de modo a que sejam utilizados os métodos mais adequados para reduzir a toxicidade, reduzir a quantidade de materiais, otimizar a utilização de energia e a recuperação de materiais. Cada sociedade, com base na localização geográfica, na cultura, na economia, na composição e nas caraterísticas dos resíduos e com base no fator ou factores mais eficazes, pode abordar de forma independente os objectivos desta gestão (Hoseinikia,2008).

Os objectivos da gestão integrada incluem:

1- Aumentar a informação técnica e educativa relacionada com o planeamento e a gestão de resíduos e tornar esta informação acessível ao público em geral, incluindo gestores e pessoal do sistema de resíduos, cidadãos, indústrias e actividades de promoção com vista à recolha de dados, fornecendo orientações técnicas, brochuras, cartazes, etc., bem como a criação de um centro de comunicação e coordenação de vários programas do sistema de gestão de resíduos.

2- Aumentar os programas de formação para o pessoal e para os decisores em matéria de gestão de resíduos.

3- Aumentar as actividades para reduzir a produção de resíduos desde a fonte, com a colaboração de indústrias, fábricas governamentais e cidadãos.

- Redução das substâncias tóxicas nos resíduos urbanos.

- Reduzir o volume de material descartado através da alteração do padrão de consumo

- Motivar a compra de produtos com menos resíduos.

- Cooperação industrial para produzir produtos duradouros.

- A utilização de materiais de embalagem biodegradáveis com menor toxicidade.

4- Aumentar as actividades de recuperação, tanto individual como coletivamente, por parte do governo e dos cidadãos

- Motivar a recuperação de materiais em segunda mão, como a concessão de empréstimos para bens em segunda mão

- Criação de associações regionais de recuperação.

- Reforço das associações regionais de recuperação.

- Recuperação de produtos reciclados.

- Incentivar as pessoas a separarem-se da fonte.

- Criação de institutos de aconselhamento em matéria de recuperação.

- Determinação dos objectivos de recuperação.

- Determinação da quantidade e da combinação dos componentes dos materiais recicláveis.

- Estado das regras de apoio às actividades de recuperação de materiais.

- Determinação e seleção da tecnologia adequada para recolher e tratar o material.

- Planeamento adequado da formação e implementação da reciclagem

- Monitorização e formação contínuas sobre programas de reciclagem

- Avaliação dos programas implementados

5- Reduzir os riscos da incineração de resíduos, a fim de proteger o ambiente e promover a saúde e o bem-estar dos membros da família

6- Reduzir a contaminação e os perigos dos aterros, a fim de manter a saúde dos organismos e do ambiente (EPA, 1989)

Como referido, esta gestão inclui as etapas e os níveis seguintes:

- Reduzir a produção de resíduos desde a fonte (incluindo a reutilização de bens)

- Coleção

- Transporte

- Recuperação de materiais (Incluindo fertilização)

- Incineração de materiais (Recuperação energética de materiais)

- deposição de resíduos no solo (aterro sanitário) (EPA,1989)

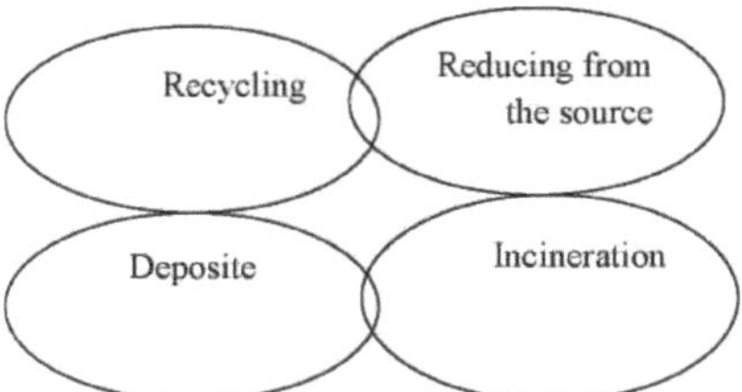

Figura (2) A sucessão da gestão combinada

1.10-Cobrança

A recolha consiste na remoção de resíduos de várias fontes e no seu transporte para locais de eliminação de resíduos sólidos. Uma das fases mais importantes, complexas e dispendiosas da gestão de resíduos é a recolha de resíduos, que representa cerca de 11% a 31% dos custos de gestão de resíduos. Estes custos serão reduzidos em 51% se existir um sistema de recolha separado para os materiais recicláveis (Abdoli,1992).

1.11 -Transporte

Transporte significa o carregamento de materiais em estações de transferência ou a transferência de materiais de veículos mais pequenos para veículos maiores e, eventualmente, o seu transporte para locais de eliminação final para aí serem depositados.

Os custos de transporte são uma questão vital para as despesas de uma mercadoria, pelo que afectam outros parâmetros. Normalmente, para otimizar a utilização da capacidade das máquinas de transporte, o material é primeiro comprimido e depois carregado, e é claro que alguns camiões têm um sistema de compressor (Omrani, 1994).

1.12-Seleção de métodos de eliminação de resíduos

A escolha do melhor método de eliminação de materiais urbanos é muito importante. Há muitos factores que devem ser considerados nesta seleção.

1.12.1- Aterros sanitários

As operações de aterro sanitário consistem na deposição de resíduos sólidos em valas ou fossos naturais ou artificiais ou no seu derrame no solo, comprimindo-os tanto quanto possível e cobrindo-os depois com terra ou outros materiais de revestimento de uma forma completamente sistemática e sanitária. Nesta operação, em primeiro lugar, o local do aterro deve ser selecionado e revisto para garantir que é adequado em conformidade com as considerações ambientais e outros factores. Em seguida, o local e as vias de acesso, as instalações de controlo, os mapas de drenagem, de perfuração e de enchimento, e o equipamento necessário devem ser preparados e iniciar as operações (Abdoli, 1993).

O aterro sanitário de resíduos sólidos é utilizado como uma das alternativas aceitáveis e razoáveis em muitas zonas urbanas do mundo. As prioridades desta abordagem são a aplicação do planeamento e o cumprimento dos princípios de engenharia, juntamente com considerações de saúde e ambientais. Do ponto de vista económico, a eliminação de resíduos urbanos em fossas sanitárias (aterro sanitário) devido à recuperação de terrenos e à utilização final após a conclusão das operações de eliminação é considerada um dos métodos mais desejáveis (Monavari, 1995).

1.13- Reciclagem

1.13.1- Introdução

A reciclagem significa a reutilização de materiais descartáveis após a aplicação de determinados processos. É um dos métodos mais importantes para reduzir a forma sólida dos resíduos. Reciclar também significa passar o material de um sistema que o torna reutilizável. Estas operações reduzirão a quantidade de matérias-primas e consumíveis, bem como o consumo de energia para produzir novos produtos (Mortezaei, 2002).

Atualmente, vários elementos dos resíduos urbanos que têm um volume significativo podem ser reciclados. Uma das razões pelas quais a reciclagem de resíduos é necessária é a prevenção da deposição de resíduos insalubres, bem como a prevenção da acumulação de insectos e roedores e da propagação de doenças e da poluição da água, do ar e do solo (Abdoli e et al., 2009).

Uma vez que na maior parte das cidades do terceiro mundo não se procedeu a um planeamento espacial para a localização das indústrias de reciclagem e dos aterros sanitários, existem muitos problemas relacionados com esta situação, tais como problemas económicos, de transportes, de tráfego, de estética e de marginalização. Assim, a reciclagem é uma das formas mais importantes de mitigar o problema dos resíduos sólidos. Os resíduos sólidos contêm muita energia que pode ser potencialmente extraída, contêm também uma grande quantidade de matérias-primas valiosas e, através da reciclagem de energia, os problemas dos aterros são reduzidos (reduz o volume para dois terços) e o valor de algumas matérias-primas extraídas dos resíduos sólidos é apenas uma pequena fração do valor potencial. A reconstrução de materiais recicláveis proporcionará mais de um milhão de empregos no sector da indústria transformadora e acrescentará mais de 100 mil milhões de dólares às receitas e aos lucros. À medida que as empresas tentam encontrar novas aplicações para os materiais reciclados, a tecnologia de investigação e desenvolvimento (mais ecológica) exige pessoas qualificadas e investimentos maciços, bem como uma vasta e diversificada gama de competências profissionais para desenvolver a indústria. Por conseguinte, quanto mais as medidas de reciclagem forem tangíveis e decisivas, incluindo a recolha, a separação e a transformação, a construção e a revenda de outros materiais reciclados, mais podem contribuir para o desenvolvimento económico. Na reciclagem, o objetivo não deve ser o aumento da reciclagem, mas sim a melhoria da qualidade do ambiente (Greenlee e Peterson, 2004).

Para resolver os problemas crescentes de resíduos sólidos devido ao crescimento da população e da indústria nas grandes cidades e em todas as sociedades humanas, a única solução é a aplicação de uma abordagem sistemática a estas questões. Este sistema de gestão dos resíduos sólidos é constituído por uma cadeia de seis anéis denominada "Elementos Obrigatórios" e inclui os seguintes elementos

1. Produção

2. Armazenamento no local

3. Coleção

4. Transporte

5. Transformação e reciclagem

6. Eliminação

Entre estes, apenas os elementos responsáveis pelo processamento e reciclagem podem ser considerados em cada parte do sistema de gestão de resíduos para maximizar a eficiência. Mas a melhor posição, mais eficiente e eficaz, é o circuito de processamento e reciclagem na fonte de produção de resíduos sólidos, onde os resíduos se misturam e causam interações com efeitos nocivos e degradação da qualidade, acabando por eliminar a possibilidade de preparar um plano de recuperação económica e sanitária que é a base para a reciclagem correta dos sistemas de gestão de resíduos sólidos (Monavari, 1997).

Normalmente, a recuperação tem quatro etapas:

- Separação de materiais reciclados, tais como papel, vidro, plásticos e alimentos

- Recolha e transporte de materiais separados

- Processamento de materiais de forma a que os resíduos possam ser reutilizados durante os processos, como por exemplo, a polpação de papel ou nylon e a sua conversão em papel e nylon ou matéria orgânica em fertilizante.

- Recuperação e utilização de bens feitos de materiais reciclados.

Em alguns casos, os resíduos são utilizados para gerar energia. Como a produção de gás metano no processo de biogás. Nalguns casos, a parte orgânica dos resíduos é utilizada para preparar o fertilizante, pelo que o fertilizante a partir dos resíduos é uma recuperação de resíduos (Hoseinikia, 2008).

1.13.2- Vantagens, desvantagens e importância da reciclagem

A- Vantagens da reciclagem

- Reduzir a necessidade de novos aterros e incineradores

- Poupar o custo das operações relativas aos resíduos sólidos

- Fornecimento de matérias-primas valiosas para a indústria e poupança de recursos

- Evitar a dispersão de muitos gases com efeito de estufa e poluentes da água

- Economizar e poupar energia

- Oportunidades de emprego

- Criação, desenvolvimento e expansão de tecnologias verdes que cuidem do ambiente e aumentem a qualidade ambiental através da redução da descarga de poluentes, especialmente substâncias perigosas e tóxicas

- Sustentabilidade económica, o que significa minimizar a utilização de recursos como os minerais ou o petróleo.

B- Desvantagens da reciclagem

- A falta de higiene dos produtos manufacturados devido ao não cumprimento das normas sanitárias no processo de produção

- Não normalização dos produtos manufacturados em relação a artigos semelhantes

- A presença de mercados negros e a ausência de preços fixos para a compra ou venda de materiais

- A falta de controlo sobre a saúde dos trabalhadores que exercem esta atividade (Omrani, 1994).

- A recuperação de recipientes de alumínio para bebidas numa área metropolitana é geralmente do interesse do ambiente e reduz a energia e outros recursos.

- Mas uma pequena quantidade de alumínio nas embalagens dos consumidores, em comparação com a sua poupança, irá provavelmente exigir mais energia e o isolamento e reciclagem de outras fontes.

- Independentemente do facto de os produtos actuais não serem concebidos para a reciclagem, muitos produtos não podem ser facilmente reciclados. Por exemplo, a alcatifa de nylon pode ser redesenhada para melhorar os conceitos de reciclagem e melhorar a qualidade do ambiente e a utilização dos recursos (Podolskey, 2001).

- A reciclagem leva à poupança de energia.

C- A importância da reciclagem

- A reciclagem poupa recursos ambientais ao fornecer matérias-primas para as indústrias.

O fornecimento de matéria-prima para as indústrias com materiais reciclados tem sido altamente preferido. Poupa energia, preserva os recursos naturais e evita a extração de matérias-primas. Em

2005, o Plano de Reciclagem da Pensilvânia forneceu 4,5 milhões de toneladas de bens como metais, papel, vidro, plásticos, madeira, materiais orgânicos e outros materiais.

- A reciclagem preserva os recursos naturais

A reciclagem ajuda a proteger os recursos naturais do mundo e reduz a necessidade de aterros e outras instalações de eliminação, disponibilizando terrenos para outras utilizações. Com a indústria da reciclagem, mais de 1,1 milhões de toneladas de aço em 2005, 1,4 milhões de toneladas de minério de ferro, 829786 toneladas de carvão e 71124 toneladas de calcário são preservados na Pensilvânia. O papel misto é reutilizado através da reciclagem de jornais e livros, o que equivale a salvar 78 milhões de árvores com 91 anos de idade.

- A reciclagem reduz as emissões de gases com efeito de estufa.

A reciclagem na Pensilvânia reduziu as emissões de gases com efeito de estufa em 2,5 milhões de toneladas, o que equivale a remover os gases com efeito de estufa de 1,7 milhões de veículos e camiões.

1.13.3- Tipos de reciclagem

Normalmente, as formas de reciclagem são classificadas em plásticos, vidro, papel, energia, fertilizantes vegetais, biogás, resíduos de construção, embalagens PET, têxteis e metais ferrosos e não ferrosos. Nesta secção, iremos explicá-las brevemente:

1) Plásticos

Uma vez que a reciclagem do plástico é simples, traz enormes benefícios para os recicladores. Para a reciclagem de plástico, o plástico é primeiro limpo de todos os tipos de resíduos, após o que cada tipo de plástico passa a ser reciclado (Polymer Consulting Engineers).

A reciclagem do plástico pode ser efectuada de três formas:

- Reciclagem primária: produzir novamente o mesmo produto de plástico

- Reciclagem secundária: O processo de refabricação e criação de um produto plástico diferente que pode provir de uma combinação diferente e, em alguns casos, com propriedades de baixo valor.

- Reciclagem terciária: O processo de completar o ciclo do plástico para se tornar um novo material é efectuado através da pirólise ou incineração de resíduos, obtendo-se algum calor a partir dos materiais e os produtos finais são água e dióxido de carbono (Andrew, 1997).

O sucesso da reciclagem do plástico é garantido nas seguintes condições:

-   Os produtos de plástico devem ser fabricados de forma homogénea, ou seja, o produto deve ser apenas de um tipo de plástico.

-   Os resíduos de plástico devem ser recolhidos e devidamente desmontados. A separação dos plásticos pode ser efectuada através de métodos mecanizados ou manualmente. Os plásticos reciclados são utilizados de várias formas, incluindo armadilhas para caranguejos, paredes marítimas, óculos de proteção e manutenção de pontes. Os hotéis utilizam plásticos reciclados nos tectos, na decoração dos tectos e, nos restaurantes, estes materiais são utilizados em secretárias e câmaras (Andrew, 1997).

2) Vidro

As garrafas de vidro que estão a ser deitadas fora hoje em dia, permanecem como lixo no solo durante 1000 anos. Para produzir vidro, é necessário extrair muita areia da terra, o que requer muita energia e água. O vidro pode ser simplesmente reciclado e a sua estrutura não se perderá durante a reciclagem. Estima-se que a quantidade utilizada na Europa seja de cerca de 11,6 milhões de toneladas por ano. A indústria do vidro no Reino Unido aumentou a sua capacidade de reciclagem em mais de 1 milhão de toneladas por ano através da utilização de alta tecnologia. Em média, 7% dos vidros são produzidos a partir de resíduos domésticos. Em 2001, foram queimadas mais de 2,5 milhões de toneladas destes materiais. Para produzir vidro, gasta-se muita energia durante a extração e o transporte das matérias-primas. Neste processo, os materiais devem ser combinados a uma temperatura elevada e o elevado volume de combustíveis fósseis utilizados neste processo produz muito dióxido de carbono e gases com efeito de estufa. Por exemplo, no Reino Unido, a indústria vidreira consumiu cerca de 8611000000 kwh de eletricidade em 2002 e foram produzidas nas fábricas 1,8 milhões de toneladas de dióxido de carbono proveniente de combustíveis fósseis. Um forno eficiente necessita de cerca de 4 gigajoules para fundir uma tonelada de vidro (Farzadkia e et al, 2009).

3) Papel

A produção e o consumo de papel são uma das questões mais importantes do desenvolvimento sustentável, uma vez que se trata do rendimento nacional e do ambiente, por outro lado. Para produzir uma tonelada de papel, é necessário abater cerca de 15 a 17 árvores. Nos últimos anos, devido à falta de recursos naturais e à prevenção da degradação ambiental, foi considerada a reciclagem de papel a partir de resíduos de papel. De facto, a reciclagem de papel surgiu com objectivos gerais como a prevenção da depredação desnecessária dos recursos naturais, a redução do consumo de energia e a diminuição da quantidade de resíduos para reduzir o custo da sua eliminação e alterar o padrão de consumo. Países como os Países Baixos, a Suíça e o Japão reciclam mais de 50 por cento do seu papel. A reciclagem de papel tem várias dimensões, sendo a mais importante a dimensão económica.

Com efeito, ao separar os resíduos de papel e reintroduzi-los no ciclo de produção, podem ser utilizados como matéria-prima na produção de novos consumíveis. Atualmente, metade do papel utilizado é despejado nos caixotes do lixo ou misturado com os resíduos urbanos, que são inseparáveis e não recicláveis, o que resulta num enorme desperdício de capital. Para que o papel volte ao ciclo de produção e consumo com uma qualidade elevada, temos de deitar fora papel limpo e seco. Por conseguinte, os consumidores devem manter o seu papel longe de contaminantes como alimentos, plásticos, metais e outros resíduos que tornem a reciclagem do papel incompleta ou difícil.

Os papéis contaminados não recicláveis devem ser convertidos em fertilizantes, queimados para produzir energia ou enterrados no solo. Os papéis separados podem ser utilizados para produzir outros materiais. Por exemplo, a pasta de papel reciclado é utilizada para caixas de ovos ou de fruta. O papel reciclado também pode ser utilizado como material de isolamento de paredes, tectos, enchimento de tintas ou revestimentos.

4) Energia

A produção de energia a partir de resíduos recicláveis é outro domínio da reciclagem de resíduos a que tem sido dada mais atenção nos países desenvolvidos. O principal objetivo da utilização deste método é a eliminação de materiais residuais e também o fornecimento de energia para a produção de eletricidade e aquecimento para complexos residenciais, juntamente com instalações de incineração de resíduos. Em Teerão, estudos mostraram que cada quilograma de resíduos húmidos pode produzir 102 gramas de metano e 253 gramas de dióxido de carbono, se totalmente decomposto. A este respeito, deve notar-se que são produzidas 7.000 toneladas de resíduos por dia, das quais 5.500 toneladas podem ser decompostas rapidamente e 3.000 toneladas podem ser totalmente decompostas, pelo que podemos obter 300 toneladas de gás metano por dia durante os vários anos após o aterro sanitário. Esta quantidade será equivalente a 15.000 milhões de jules de energia devido ao seu baixo valor térmico. Finalmente, se se decompuser completamente um quilograma de resíduos secos, serão gerados cerca de 345,5 gramas de gás metano. Este gás terá cerca de 17.200 kilojoules de energia, o que equivale a extrair meio quilo de energia do melhor carvão (Islaminezhad, 2003).

É claro que se deve notar que este método não pode ser fácil e amplamente utilizado aqui devido ao elevado teor de humidade dos resíduos.

5) Fornecimento de fertilizantes à base de plantas

O fornecimento de adubo herbáceo (composto) a partir de resíduos é uma das principais áreas de reciclagem de resíduos a que os municípios têm dado especial atenção nos últimos anos. Este tipo de reciclagem deve-se ao facto de a matéria-prima necessária para este resíduo ser perecível e a percentagem deste material ser elevada nos nossos resíduos urbanos (62,64% do total dos resíduos urbanos) é uma forma desejável. Mas os problemas económicos e o elevado investimento necessário para a aquisição de equipamento, a tecnologia importada, bem como a sensibilidade deste método para a saúde, não devem ser ignorados.

6) Biogás

Segundo os investigadores, cerca de 1% da energia consumida no mundo provém da recuperação de gases de depósitos de resíduos. O biogás é um conjunto de gases produzidos a partir da decomposição de materiais residuais em condições anaeróbicas, compostos principalmente por metano. O biogás é, de facto, produzido pelo processo de fermentação anaeróbica da matéria orgânica localizada nas lamas do fundo dos pântanos e, sempre que existam condições anaeróbicas, será produzido um gás inflamável. A utilização comum do biogás é a digestão da polpa animal, dos resíduos agrícolas e das águas residuais para uso doméstico. A unidade de biogás pode produzir fertilizantes com matéria orgânica, azoto, fósforo

e potássio e é capaz de destruir uma elevada percentagem de agentes patogénicos, parasitas e sementes de ervas daninhas.

Os fertilizantes à base de biogás, por conterem mais nutrientes, têm sido eficazes no aumento do número de plâncton e a produção de peixe também aumenta. O biogás, como combustível limpo, não polui o ar porque não é sulfuroso. O enxofre é convertido em dióxido de enxofre quando queimado. De acordo com os regulamentos ambientais, o gás metano, como principal combinação de biogás (em aterros sanitários), não deve ser libertado para a atmosfera porque o metano é um gás com efeito de estufa e esse gás permanece na atmosfera durante 8 a 11 anos. Depois é oxidado e separado da atmosfera. O gás metano contribui 25 vezes mais para o aquecimento global do que o dióxido de carbono (Shokri, 2009).

7) Resíduos de construção

Os resíduos de construção e de destruição incluem: materiais extra produzidos durante a construção, a renovação e a destruição de edifícios. Estes resíduos são constituídos pelos seguintes materiais: Asfalto, tijolos, betão, blocos de construção, madeira, tábuas, materiais de cobertura, vidro, plástico, alumínio, aço e elementos arquitectónicos, Operações padrão, construção e destruição. Todos estes materiais são enviados para as instalações de separação e transferência ou para os aterros sanitários em simultâneo com os camiões. Algumas instalações desmontam estes materiais no local para posterior processamento e recuperação. Mas outras depositam estes materiais como massas de lixo em cemitérios de resíduos. Embora muitos materiais de destruição e de construção sejam adequados para recuperação, há também factores externos que são eficazes na recuperação e na extensão dessa operação. O valor dos bens recicláveis no mercado, o custo da mão de obra para a transferência e a separação e os custos relativos da destruição, são eficazes na expansão ou limitação do mercado de bens recicláveis ou reutilizados (Green lee e Peterson, 2004).

8) Recipiente PET

Devido ao consumo crescente deste tipo de recipientes e garrafas, o seu número está a aumentar de dia para dia. O período de retorno destes materiais à natureza é muito longo e, por conseguinte, apresenta riscos ambientais e tornar-se-á um dos problemas do mundo. O PET é amplamente utilizado devido aos seus baixos preços, leveza, durabilidade e capacidade de reciclagem. A reciclagem do PET pode ser utilizada para fabricar muitos produtos novos. Na situação atual, a sua recuperação no Irão não é económica. Em algumas cidades do Irão, incluindo Teerão, o PET é triturado e exportado para o estrangeiro (Papeli yazdi e Vosoghi, 2003).

9) Têxteis

Os têxteis são componentes que não criam grandes riscos ambientais, mas se forem separados da fonte e queimados têm um elevado valor térmico e um baixo teor de cinzas, para além de reduzirem os custos de recolha e transporte de resíduos (Mortazaei, 2002).

10) Metais ferrosos e não ferrosos

Há dois pontos a considerar na reciclagem de metais: em primeiro lugar, é necessário separar o ferro dos metais não ferrosos. Em segundo lugar, o alumínio é o metal não ferroso mais importante para a reciclagem e a fonte mais importante deste metal são os resíduos urbanos e os produtos de embalagem (Abdoli,2000).

1.13.4- Composto

Composto é uma mistura natural que resulta de um processo biológico no qual os resíduos de matéria orgânica (restos de comida e jardim, folhagem e árvores e resíduos celulósicos), através da atividade de uma série de microrganismos existentes nos resíduos orgânicos (fungos e bactérias termofílicas), se transformam rapidamente num estado constante. Este processo é também designado por fermentação da matéria orgânica. De facto, o resultado desta decomposição é uma substância higiénica e não nociva, como o húmus, que pode ser utilizado como modificador e fertilizante do solo.

Considerando que mais de metade dos resíduos urbanos no Irão são materiais orgânicos e compostáveis e que, por outro lado, os terrenos são pobres em matéria orgânica na maioria das cidades iranianas, o composto pode ser utilizado nessas cidades. A utilização de composto como método de eliminação de resíduos sólidos urbanos será muito benéfica. A eliminação dos materiais de compostagem não só poupará espaço, transporte e eliminação de materiais, como também reduzirá a poluição e o composto resultante será uma boa fonte de matéria orgânica para os solos agrícolas (Davami, 2009).

1.13.5 - Separação de materiais reciclados

- Separação no destino

O método de separação ou separação no destino é também outro método de reciclagem e separação de resíduos. Desta forma, os resíduos recicláveis podem ser separados dos resíduos depois de entrarem nos centros de transferência ou de eliminação manualmente e com energia física ou através de uma variedade de sistemas mecanizados, tais como crivos, ímanes, túneis de vento, etc. (Bahavar, 2001).

- Separação da fonte

Há um debate sobre a separação dos resíduos na fonte e a reciclagem de materiais valiosos nos resíduos urbanos e a sua reutilização, sob vários aspectos, como a saúde, o ambiente, a economia, a criação de emprego, etc.

Em quase todas as cidades iranianas, a separação de materiais recicláveis é informalmente publicitada pelo sector privado (Papli e Vosoghi, 2004).

Uma vez que a separação na fonte facilita o processo de reciclagem e evita a contaminação de materiais que deveriam ser recuperados, a reciclagem de resíduos não só reduzirá os problemas de saúde, como também proporcionará vários benefícios económicos e ambientais (Farzadkia e et al, 2009).

Os seguintes passos devem ser tomados para a separação da fonte :

- Actividades culturais, educativas e administrativas
- A implementação de programas de formação para gestores, funcionários públicos e cidadãos no domínio da reciclagem
- Publicidade através dos meios de comunicação social e muito mais
- Persuadir as pessoas a participar na separação
- Incentivar e atribuir prémios e realizar exposições e pavilhões criados pelo município (Alavitabar,2000)
- Medidas financeiras - O crédito inclui:

1- Determinação do crédito especial da organização municipal para a separação da fonte (pelo menos por dois períodos de cinco anos)

2- Determinação do crédito especial da Câmara Municipal

3- Determinação das contribuições financeiras dos produtores de resíduos na separação

4- Determinação da contribuição financeira das indústrias e oficinas de reciclagem na separação (Papli yazdi e Vosoghi, 2003).

A codificação de um plano integrado de separação na fonte dos componentes sólidos e secos dos resíduos sólidos urbanos pela Agência Municipal de Reciclagem e Reconversão e a atribuição da execução do programa ao sector privado estão em conformidade com as políticas globais e conduzem ao crescimento do sector privado, à criação de emprego e à redução dos custos de gestão dos resíduos urbanos.

1.14 -Participantes ou empregados envolvidos em operações de reciclagem

Os participantes ou empregados em operações de reciclagem são classificados nas seguintes categorias:

1- Colectores normais

Estas pessoas são as mais conhecidas no campo da recolha de lixo, que têm um trabalho gratuito e sem responsabilidade, como desempregados e toxicodependentes, que asseguram a sua vida de necessidade diária desta forma e, dependendo da situação, rapidamente desassociam objectos valiosos como baterias de chumbo, papel, plásticos e materiais industriais.

2- Colectores nos locais de eliminação

Estas pessoas são vistas em muitos locais de eliminação que normalmente procuram materiais comercializáveis. A semelhança desta categoria é o facto de fornecerem a totalidade ou parte dos seus custos de vida com base nos materiais de recolha de diferentes resíduos.

3- Colectores a tempo parcial

As pessoas que ocasionalmente separam os materiais dos resíduos dedicam apenas uma parte do seu trabalho quotidiano a este trabalho.

4- Colectores principais

Estas pessoas recolhem resíduos selecionados e ferramentas em segunda mão, como frigoríficos, aquecedores de água, baterias, tubos, fios, papel, vidro e latas vazias de casas e oficinas. Algumas oficinas e tipografias também recolhem e reutilizam equipamentos como limalhas de metal e resíduos de impressão.

5- Corretores de materiais reciclados

O grupo recolhe metais, papel e têxteis utilizando os seus pertences pessoais e grupos de voluntários da fonte industrial. Estes pequenos intermediários trabalham normalmente a nível local e entregam o material recolhido a um concessionário ou intermediário de maior dimensão a um preço mais vantajoso.

6- Corretores profissionais

Este grupo trata apenas de um tipo de material reciclado e possui informações pormenorizadas sobre as propriedades desse material, por exemplo, os comerciantes de ferro.

7- Instituições de serviços

Estas instituições efectuam sempre operações de reciclagem de forma voluntária e convidam normalmente as pessoas a recolher instrumentos utilizáveis e comercializáveis.

1.15-Rever a política de reciclagem

A reciclagem só é uma boa política quando os custos e os recursos necessários para recolher, selecionar e recuperar materiais são inferiores aos custos e recursos necessários para fornecer uma matéria-prima. Por exemplo, o vidro é feito de areia e potássio, mas nenhum destes materiais é fornecido a curto prazo.

Para que a reciclagem do vidro seja uma política ambiental tangível, a energia, o equipamento e a mão de obra associados à recolha, desmontagem, reciclagem e transferência do vidro para os aterros devem ser inferiores à produção de areia e potassa. Caso contrário, a reciclagem não contribui para melhorar a qualidade e a sustentabilidade do ambiente. O objetivo da política de reciclagem não é aumentar a reciclagem, mas também melhorar a qualidade ambiental e a sustentabilidade económica. Assim, quando a reciclagem conduz ao benefício e à sustentabilidade ambiental, a energia, os recursos e o esgotamento do ambiente associados ao período de recuperação do material são inferiores à energia e aos recursos associados à produção de matérias-primas. Nalguns casos, é necessário considerar a política de reciclagem alternativa, por exemplo, uma política de retoma de produtos pelos fabricantes, especialmente quando a re-produção e a reutilização não são possíveis, pode ser benéfica. Esta opção tenta preservar o valor dos bens originais. Por outro lado, a reciclagem tem apenas como objetivo melhorar o valor das matérias-primas. A recuperação de pequenos electrodomésticos, como ferramentas, pode ter benefícios significativos. Em especial, o valor das matérias-primas de muitos produtos complexos, como os computadores, é apenas uma pequena fração do valor do produto. Os fabricantes também se sentem motivados a alterar os seus projectos para os reconstruir e utilizar de forma mais eficiente. Outra política alternativa são os planos de depósito/reembolso. Neste sistema, os produtos que são dedicados à reciclagem exigem um depósito do consumidor ou do fabricante, com um reembolso ao consumidor quando são devolvidos. Por exemplo, a devolução de qualquer pilha de Ni-Cádmio receberá um reembolso pontual de forma a incentivar a devolução. As latas de alumínio e a sucata metálica são suficientemente valiosas para que os colectores procurem normalmente estes resíduos mesmo sem um plano de depósito/reembolso (Poldoski, 2001).

Capítulo 2

Literatura de investigação

Experiência de alguns países no domínio da reciclagem

A reciclagem de resíduos sólidos urbanos tem sido estudada sob vários aspectos na literatura (Zhao & et al ,2010 . Weng & Fujiwara, 2011. Hamidul & et al, 2012), embora o histórico de pesquisas sobre o retorno e a eficiência da atividade de reciclagem ainda não esteja amplamente disponível (Rui Cunha & Marques ana aii , 2012). No entanto, uma série de políticas públicas destinadas a reduzir os resíduos sólidos urbanos e a aumentar a reciclagem e as suas questões relevantes foram estudadas em artigos económicos recentes, alguns dos quais são mencionados a seguir (Lavee & et al., 2009). Joe Pickin (2008) estudou a análise custo-benefício (ACB) como uma ferramenta de tomada de decisões no domínio da reciclagem de resíduos sólidos e tentou resumir temas ambientais relevantes com base na revisão de 37 artigos em inglês. Identificou cinco temas importantes em que as ACB não coincidiam frequentemente com as opiniões conhecidas sobre reciclagem ou outros temas políticos. Estes cinco temas incluíam: tipos de impacto ambiental e respectiva avaliação, relação dos efeitos externos a montante, significado económico das actividades domésticas e a necessidade de avançar para a estabilidade a longo prazo através da reestruturação das políticas económicas de reciclagem (Pickin, 2008). Alguns estudos analisaram determinados métodos que melhoram a utilidade da reciclagem na secção de recolha de resíduos urbanos. Por exemplo, Teixeira *et al.* (2004) criaram um modelo inovador e aplicaram-no para reduzir os custos operacionais através da melhoria das rotas dos veículos de recolha de resíduos (Teixeira & et al., 2004). Dijkgraaf e Gradus (2003) discutiram as potenciais poupanças através da anulação do contrato de recolha de resíduos; descobriram que os custos potenciais

nos Países Baixos podem ser reduzidos entre 15 e 20% (Dijkgraaf & Gradus , 2003). Karousakis e Birol (2008) identificaram as prioridades dos agregados familiares para serviços específicos de reciclagem de resíduos domésticos em Londres; depois apresentaram a informação necessária aos decisores para os ajudar a planear uma política de reciclagem eficaz. Perceberam que, entre os serviços desejados, a disponibilidade para pagar pelo número de materiais secos recolhidos e pela recolha de composto tem os valores mais elevados. Outros estudos concentraram-se na avaliação da viabilidade da reciclagem, comparando os seus custos com os custos tradicionais de eliminação de resíduos (Karousakis & Birol , 2008). Folz (2004) considerou um processo de avaliação comparativa para conseguir uma reciclagem eficiente. Neste processo, o município decide sobre a qualidade do serviço (incluindo o nível de reciclagem) que pretende oferecer e está disposto a financiar (de acordo com as prioridades dos cidadãos), depois encontra os melhores parceiros através da sua comparação e efectua as melhores operações. As operações que atingem os serviços desejados são finalmente efectuadas com custos mínimos (Folz , 2004). Estudos mais recentes, como o estudo de Weng e Fujiwara (2011), mostraram que a reciclagem está associada a custos mais baixos, o que demonstra que os programas de reciclagem em Taiwan têm efetivamente custos reduzidos (Weng & Fujiwara, 2011). Por exemplo, Bel e Fageda (2010) obtiveram um resultado oposto num estudo realizado na região da Galiza, em Espanha, em 2006. De acordo com os seus resultados, a reciclagem não é proporcional aos custos globais da gestão de resíduos sólidos (Bel & Fageda , 2010). Bohm *et al.* (2010) estudaram as actividades de reciclagem e a eliminação de resíduos sólidos utilizando uma amostra de 428 sociedades americanas em 1996. Utilizando o modelo de Kuznets para estimar funções quadráticas, concluíram que a função de custo médio para a eliminação diminuirá sempre se a reciclagem tiver uma função em forma de U (Bohm & et al., 2010).

Um artigo sobre o impacto ambiental e económico da reciclagem, apresentado em 2009, aborda o impacto da reciclagem no Tennessee. Este artigo aborda os seguintes aspectos.

Em 2007, no Tennessee, as cidades e as empresas, pela eliminação de 6817074 toneladas de resíduos sólidos, pagaram cerca de 218 172 368 dólares por custos de aterro.

Durante este período, foram recicladas 1319553 toneladas de materiais em 4 partes (papel, plásticos, vidro e metais), o que permitiu poupar nos custos de deposição em aterro cerca de 42 225 696 dólares.

Estima-se também uma perda de rendimento de 150.256.731 dólares na reciclagem dos produtos. Este comentário mostra uma taxa de recuperação de 25% do material enterrado.

As empresas de eliminação de resíduos sólidos do Tennessee declararam ter criado 7584 postos de trabalho, com um rendimento médio anual de 36.115 dólares.

Parts that use recycled materials	Job Creating	Average Job Salary	Annual Revenue
Waste Disposal Part	885	34440$	247997000 $
MRF- Parts that collect waste materials from regions	204	23779 $	206640000 $
Solid waste collection and waste disposal Industry	7584	36115$	1078298000 $

Quadro (1) Vendas anuais e salários das empresas de gestão de resíduos no Tennessee

No Tennessee, em 2002, o sector dos resíduos declarou que 107 898 800 dólares dos 5 339 700 000 dólares de vendas de produtos industriais provinham de vendas de quatro categorias de produtos reciclados.

Recyclable materials	Job Creating	Average Job Salary	Factory Production
Paper	19100	57800$	548700000$
Plastic	29400	29400$	2243000000$
Glass	16600	33600$	1191000000$
Metals	12000	48600$	1357000000$
Total	77100	45550$	5339700000$

Quadro (2): quantidade de produtos industriais vendidos a partir de artigos reciclados no Tennessee

Em 2006, os materiais recicláveis assinalados poderiam gerar $ 612992634, mas não foram receitas porque foram eliminados.

Num outro estudo intitulado "Economics Benefits of Recycling in Massachusetts" (Benefícios económicos da reciclagem em Massachusetts), realizado pelo Recycling Economic Research Center (Centro de Investigação Económica sobre Reciclagem) em 2009, é analisado o papel da reciclagem na criação de riqueza pública.

Para converter matérias-primas em produtos, a reciclagem criou emprego e indústrias concorrência e economia notável em Massachusetts. Os efeitos da reciclagem são examinados em duas categorias: efeitos diretos e efeitos indirectos.

- Os efeitos diretos da reciclagem em Massachusetts incluem:

2018 negócio de reciclagem, 13905 empregos de reciclagem, $ 498 milhões de salário e salário e $ 3,2 milhões de lucro por ano.

Os efeitos indirectos da reciclagem na economia de Massachusetts incluem

As empresas de reciclagem geram cerca de 95 milhões de dólares em receitas fiscais do Estado. E também indiretamente, os benefícios da reciclagem incluem a compra de bens e a criação de serviços que apoiam outras empresas, aumentando a recolha e o processamento de materiais recicláveis para as empresas e os rendimentos. As fábricas de reciclagem que convertem materiais secundários em novos produtos têm mais rendimentos para os trabalhadores do que as empresas de transformação e processamento de materiais. Por exemplo, as fábricas de plástico e de papel empregam um grande número de trabalhadores.

De acordo com um estudo da Charleston School of Economics and Finance, a indústria da reciclagem tem um impacto na economia do governo de 6,5 mil milhões de dólares. The Impact of the Recycling Industry on the South Carolina Economy (O impacto da indústria de reciclagem na economia da Carolina do Sul) foi um estudo realizado pelo DHEC em 2006.

Isto mostra que a indústria de reciclagem gera diretamente 15.000 empregos, 1,5 mil milhões de dólares em rendimentos pessoais anuais e 69 milhões de dólares em receitas fiscais por ano. Além disso, o governo estima que a indústria de reciclagem do estado é de cerca de 12% de crescimento anual ao longo dos cinco anos, com o impacto económico de mais de US $ 99 bilhões.

A reciclagem tem sido uma fonte de poupanças financeiras nas escolas da Carolina do Norte. Duas escolas da Carolina do Norte anunciaram recentemente que conseguiram gastar mais de 32.000 dólares por ano em custos de eliminação através de programas de reciclagem (de facto, recolhendo latas de alumínio, latas de metal, garrafas de plástico, papel de escritório, cartão, revistas e jornais). Outra escola anunciou que conseguiu poupar 25.000 dólares ao evitar custos de eliminação através de programas de reciclagem.

Randall (2007) identificou a reciclagem como uma ferramenta para obter benefícios económicos e ambientais na Pensilvânia. A reciclagem inclui a conversão de materiais recicláveis em novos produtos. A indústria da reciclagem na Pensilvânia, que inclui siderurgias, fábricas de papel, fábricas de cartão, trituradores de plástico, vidro, metais não ferrosos e outros materiais reciclados, deu emprego a mais de 64 000 pessoas, com um salário aproximado de 2,5 mil milhões de dólares e vendas anuais de mais de 15,5 mil milhões de dólares. A reutilização centra-se na reconstrução, renovação e recuperação de produtos. A reciclagem e a reconstrução criaram mais de 7.000.000 de postos de trabalho, salários e vencimentos de 115 milhões de dólares e vendas de mais de 500 milhões de dólares por ano. O primeiro passo no processo de reciclagem é a recolha e o processamento, que envolve a recolha de materiais recicláveis urbanos e privados, a criação de composto e uma componente importante de materiais reciclados que recruta e contrata quase 10.000 pessoas na Pensilvânia, com 284 milhões de dólares em vendas anuais de 2,3 mil milhões de dólares. Para além dos benefícios diretos, o apoio às empresas que inclui o fornecimento de serviços e bens para a reciclagem e reutilização de instituições nos países da Commonwealth, estas actividades de apoio geram 13.297 empregos adicionais e 39 mil milhões de dólares anuais. As receitas fiscais da Pensilvânia estão estimadas em 815 milhões de dólares por ano, o que representa 5,3% da atividade e do valor acrescentado atribuídos ao sector da reciclagem e da reutilização. O governo federal tem obtido receitas fiscais significativas dos governos locais. Políticas públicas para incentivar a reciclagem e a redução de resíduos e investimentos agrícolas e privados na recolha e transformação de materiais recicláveis locais e o pagamento de assistência a infra-estruturas de reciclagem indirectas que se dedicam, a título privado, à economia da reciclagem.

A reciclagem na Pensilvânia mantém mais de 97 biliões de BTU de energia por ano. O que é suficiente para a energia de 941.000 casas e equivalente à manutenção de 786 milhões de galões de gasolina. É também muito mais fácil fabricar e produzir materiais utilizando materiais reciclados e requer menos energia do que as matérias-primas.

Por exemplo, fabricar uma nova lata de alumínio a partir de uma lata de alumínio reciclado poupa cerca de 95% da energia necessária para fabricar uma nova lata de alumínio de matéria-prima, o que significa que apenas 5% da energia utilizada no fabrico das latas produzidas por matéria-prima é necessária para as latas de material reciclado. Esta quantidade de energia armazenada resultante da reciclagem de um alumínio pode fornecer a energia necessária para fazer funcionar um computador durante 3 horas.

A reciclagem estimulará o desenvolvimento ecológico. A reciclagem encorajará o desenvolvimento de produtos amigos do ambiente e a utilização generalizada de materiais de baixo custo em programas regionais. Por exemplo, os pneus usados são utilizados de muitas formas, como asfalto e pavimento de estradas.

A Carolina do Sul é um dos líderes no desenvolvimento de tecnologia através da tecnologia de asfalto na Universidade de Columbia e através do orçamento fornecido pelo Centro de Redução de Resíduos Sólidos.

Em 2009, foi publicado em Hong Kong um artigo intitulado "Recycling and Reuse of Solid Waste" (Reciclagem e reutilização de resíduos sólidos). Este artigo trata da recolha de resíduos domésticos, comerciais e industriais como resíduos sólidos urbanos (RSU) em Hong Kong. Dos 3,7 milhões de toneladas de RSU eliminados, cerca de 318 milhões de toneladas foram recuperadas em Hong Kong em 2009. Em 2009, a taxa global de melhoria em Hong Kong foi de 49%. Os principais tipos de materiais recicláveis incluem papel, metais não ferrosos e 96% de metal reciclado. Os restantes 4% incluem equipamento elétrico e eletrónico, madeira, têxteis, borracha e vidro.

Industrial waste
materials

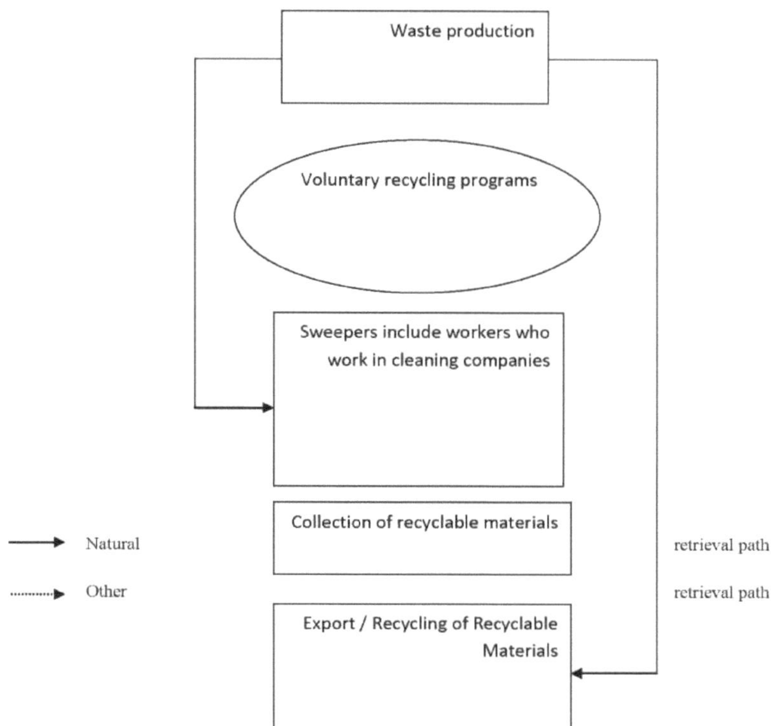

Figura (1). Elementos-chave locais para a deposição de resíduos em Hong Kong

Nos Estados Unidos, com a conversão de resíduos em matérias-primas valiosas, a criação de postos de trabalho e a produção de indústrias competitivas têm trazido benefícios significativos para a economia americana.

O Estudo de Reciclagem Económica REI foi lançado pelo Agente de Proteção Ambiental dos EUA. O agente de proteção ambiental dos EUA está a colaborar com os Estados para determinar os recursos de recuperação económica para a economia nacional. Estes estudos foram concluídos em 2001. De acordo com o estudo, a indústria de reutilização e reciclagem inclui mais de 56.000 instituições em todo o mundo e emprega 1,1 milhões de pessoas, gerando receitas anuais de 37 mil milhões de dólares e 236 mil milhões de dólares em vendas brutas anuais.

O estudo REI mostra ainda que 4,1 milhões de empregos são também indiretamente apoiados pelas indústrias de reciclagem e reutilização, com resultados de um salário de 52 mil milhões de dólares e 173 mil milhões de dólares em receitas anuais, ou seja, a reciclagem e a reutilização geram cerca de 12 mil milhões de dólares de receitas para o Estado.

De acordo com o estudo da REI, a reciclagem e a reutilização ajudarão indústrias-chave como a automóvel e a mineira. A gestão de resíduos de reciclagem tem um lugar valioso porque dá valor aos materiais e está em constante crescimento.

Bick (2001) fornece informações económicas úteis, que são a fonte da Agência de Desenvolvimento Económico, dos corretores e dos capitalistas que avaliam o negócio da reciclagem e da reutilização. Na verdade, esta informação é uma ferramenta para os adeptos da reciclagem, para sensibilizar para a indústria, para sensibilizar para a reciclagem e para a preservação dos recursos para o crescimento desta indústria e para a informação económica de base, que é um documento para o desenvolvimento e crescimento futuro desta indústria. Estudos demonstraram que a indústria nacional de reciclagem e reutilização tem uma relação direta com os materiais que são utilizados para a avaliação dos materiais, a dimensão das instalações e a tecnologia utilizada. A listagem dos vários sectores das 11 indústrias de reutilização e reciclagem mostra que as partes mais básicas das várias actividades de reciclagem incluem a recolha, o processamento, o fabrico, a reutilização e a reconstrução.

O sector da reciclagem inclui instalações como o papel e a siderurgia, bem como novos investimentos empresariais como o composto e os pneus de plástico. A reutilização e a reconstrução envolvem várias combinações de instituições, incluindo a reutilização de madeira, pneus gastos e equipamento elétrico fora de serviço. A comparação dos vários sectores da indústria mostra que existem 56661 centros de reciclagem nos Estados Unidos.

Que emprega cerca de 1,1 milhões de pessoas, com salários anuais de 37 mil milhões de dólares e um rendimento bruto anual de 236 mil milhões de dólares. Um olhar mais atento mostra que mais de metade do valor económico da indústria de reciclagem está nas quatro categorias seguintes:

- Papel e cartão, que emprega 375.139 pessoas e um ganho anual bruto de 49 mil milhões de dólares.

- Fábricas de aço que empregam 544.118 pessoas e 46 mil milhões de dólares de receitas brutas anuais.

- Os trituradores de plástico empregam 700.178 pessoas com um rendimento estimado em 28 mil milhões de dólares por ano.

- Ferro fundido e aço, empregando 313.126 pessoas e com receitas brutas de mais de 14 mil milhões de dólares por ano.

Quando grandes quantidades de bens de elevado valor entram no mercado, podem apoiar muitas empresas e actividades económicas em relação a bens que entraram no mercado com pouco ou nenhum valor financeiro (Bick, 2001)

Atualmente, de acordo com a Agência de Proteção Ambiental dos EUA, a reciclagem de resíduos é economicamente rentável para o país. De facto, a reciclagem e a produção ao longo dos últimos anos criaram mais de um milhão de oportunidades de emprego e mais de 100 mil milhões de dólares de eficiência económica.

No Irão, a questão da reciclagem nas grandes cidades foi implementada nas últimas duas décadas.

A reciclagem pode controlar os resíduos em quantidade e qualidade, mas os resíduos não podem ser eliminados em geral. A reciclagem deve ser económica como qualquer outra indústria, pelo que reciclar não significa apenas recolher materiais para reutilização, mas também criar e desenvolver o mercado para a venda de materiais reciclados. (Omrani, 1380)

Embora as estatísticas mostrem que a reciclagem tem sido menos importante no Irão, a maior parte dos aterros foi considerada. No Irão, a recuperação é normalmente efectuada através de dois métodos: compostagem e reciclagem. De acordo com as estatísticas da organização municipal do Irão, nas metrópoles activas na reciclagem, como Isfahan, Tabriz, Teerão, Shiraz, Kermanshah e Mashhad, 79% dos resíduos são enterrados, 2% reciclados e 19% convertidos em composto, enquanto 10% a 12% dos resíduos são constituídos por papel e plástico. No Irão, a taxa de reciclagem é de 0,8%, a de compostagem é de 2,7% e a de deposição em aterro é de 11%, dos quais 20% são sanitários e sistematicamente aterrados e os restantes são enterrados de forma não sanitária e não sistemática. (Farzad Kia et al., 2009)

Num artigo que examina o valor económico dos resíduos domésticos recicláveis em Karaj, publicado pelo Dr. Masoud Minouri et al. em 2006, os resultados mostram que, através da reciclagem de resíduos, os custos de gestão dos resíduos sólidos podem ser poupados e gerar receitas para o município. O rendimento líquido de todos os materiais reciclados nos primeiros seis meses de 2006 em quatro áreas de Karaj com uma estação de separação na fonte está estimado em 601309890 Rials. A reciclagem de 4537428 kg de resíduos secos nestas áreas reduziu o custo da gestão de resíduos sólidos no montante de 440130516 Rials nos primeiros seis meses de 2006 e resultou na geração de receitas para o município. Além disso, nas áreas estudadas, nos primeiros seis meses de 2006, no caso de uma recuperação total de 28634295 kg de resíduos domésticos secos recicláveis, seria poupado um montante de 22777526615 Rials em custos de gestão de resíduos sólidos e poderia gerar receitas para o município. Para a não reciclagem de 24096867 kg de resíduos secos nestas áreas durante os primeiros seis meses de 1385, o valor de 233736099 Rials foi perdido e adicionado aos custos municipais, o que, se fosse totalmente reciclável, poderia levar a uma redução e mais poupanças nos custos de gestão de resíduos sólidos e a ser adicionado às receitas do município. (Monavari et al.,2006)

Atualmente, a reciclagem de resíduos secos em Teerão é efectuada por pequenas oficinas de alta tecnologia. No entanto, estas oficinas estão activas na reciclagem de componentes sólidos de resíduos sólidos e, para além de lucros significativos, também criam emprego neste sector. De acordo com os estudos, uma percentagem significativa dos componentes sólidos dos resíduos sólidos em Teerão é constituída por papel e cartão (37%), plásticos (25%) e metais (13%). No caso da implementação de um programa de separação de resíduos sólidos a partir da fonte e de reciclagem de resíduos sólidos pelo município de Teerão, para além do facto de se reduzir um grande volume de entradas no aterro, o resultado é uma redução do custo da gestão de resíduos sólidos e um benefício significativo para o município de Teerão, bem como a criação de emprego. De acordo com estudos realizados no domínio da reciclagem de papel, cartão e metal, a indústria beneficiará grandemente, devido aos baixos custos de investimento para a reciclagem de plásticos e metais e à existência de um mercado muito adequado, a venda dos seus produtos é notável. A indústria do papel e do cartão recicláveis tem custos de investimento relativamente elevados, o que exige o apoio financeiro do sector público ou do sector privado. No entanto, dada a enorme diferença entre o preço de compra do papel reciclado e do kraft e a elevada percentagem de papel e cartão nos resíduos secos de Teerão, é de esperar que o retorno do investimento da indústria se realize a curto prazo e que a indústria beneficie num curto espaço de tempo. (Dehghani et al., 2009)

O projeto de reciclagem foi iniciado na cidade de Delijan desde 2007, período durante o qual as pessoas foram bem recebidas por este projeto. Num estudo que analisa os aspectos económicos e ambientais da reciclagem de vidro, papel e cartão a partir de resíduos na cidade de Delijan, realizado por Mehdi Farzad Kia et al. em 2008. Os resultados deste estudo mostraram que os 694960 quilogramas de papel e cartão utilizados nesta cidade no ano de 2008 foram apenas 29750 quilogramas e 231994 quilogramas de vidro consumidos em 92 211 quilogramas através do plano de reciclagem a partir da fonte e recuperados, 115191 kg de papel e 217294 kg de vidro foram descartados sob a forma de resíduos mistos. Esta taxa de reciclagem permitirá poupar 11815 árvores, reduzir 299/74 gigajoules de consumo de energia e 53555000 litros de água por ano.

62,6% do lucro económico deve-se à reciclagem do papel e do cartão para reduzir o abate de árvores, e os benefícios económicos da redução do consumo de energia, da redução do consumo de água, das receitas da venda de papel e de papel reciclado, da redução dos custos de transporte e de eliminação dos resíduos municipais são equivalentes a 2,19, 7,4, 12,2, 5,1%, respetivamente. Os benefícios económicos da redução do consumo de energia na reciclagem de vidro são iguais a 71,7%, e os rendimentos económicos da venda de vidro e da redução dos custos de transporte são de 3,7% e 10,8%, respetivamente. Num estudo realizado por Amir Hossein Dumavi em 2008 na cidade de Ahvaz, foi afirmado que a reciclagem de resíduos pode ser rentável para a gestão de resíduos sólidos (recolha, transporte e recolha de resíduos) e para a eliminação de resíduos. Na cidade de Ahvaz, nos primeiros seis meses do ano de 1999, no caso de uma recuperação total de 89940063 kg de resíduos domésticos secos recicláveis, podem ser poupados cerca de 15559830899 Rials em custos de gestão de resíduos sólidos, o que geraria receitas para o município e, com o fracasso da reciclagem na cidade de Ahvaz, perdeu-se cerca de 9142997200 Rials por dia, o que poderia ser ganho por indivíduos ou empresas.

Capítulo 3
Métodos

3.1- Introdução

Os materiais recicláveis objeto desta investigação foram classificados através da sua avaliação no mercado de reciclagem de Abadan e do método de análise custo-benefício. Foi também calculado o valor económico dos resíduos reciclados nas regiões de Abadan. Por outras palavras, os custos e as receitas da reciclagem de resíduos foram calculados e, em seguida, o rendimento líquido foi obtido após a dedução dos custos de reciclagem do rendimento bruto. O valor atual dos custos e das receitas foi calculado utilizando o indicador económico do valor atual líquido (VAL). As técnicas aplicadas de avaliação económica descrevem o valor atual líquido (VAL) e o rácio interno de retorno. Por fim, foi efectuada uma análise de sensibilidade. Assim, para aplicar as técnicas de avaliação económica, foi construída a tabela de custos e receitas das operações de reciclagem de resíduos domésticos de Abadan para os anos 2010 a 2021. Nesta tabela, o TCF corresponde aos custos fixos anuais, sendo a sua maior parte constituída por custos de capital; o TCV corresponde aos custos variáveis, sendo a sua maior parte dedicada a salários e vencimentos; e o TCT corresponde ao custo do transporte de materiais recicláveis para o aterro. O CT ou custo total é obtido a partir da soma dos custos das várias partes. TR representa a receita das vendas de produtos, obtida com base nas estatísticas de base de 2010 e 2011. O lucro líquido é obtido a partir da diferença entre os custos e as receitas.

O software estatístico Microsoft Excel é utilizado para a análise dos dados e a aplicação das técnicas de avaliação económica através de quadros e figuras.

3.2- Método do valor atual líquido (VAL)

Nos projectos de gestão de resíduos sólidos, a análise custo-benefício é mais conveniente e fiável do que outros métodos para comparar diferentes opções em termos de economia ambiental, de modo a obter uma resposta adequada e próxima da realidade (Heinzerling & Frank , 2002 & et al). Neste método, é calculado o lucro líquido, que é a diferença entre o lucro bruto e os custos do projeto. O valor atual é o valor atual líquido que se obtém da diferença entre o equivalente atual das despesas e das receitas de um processo de investimento com uma determinada taxa de juro. O projeto é economicamente justificável e será aceite e aprovado quando o VAL>0. Caso contrário, se o VAL for inferior a 0, o projeto não é economicamente justificável (Oskounejad , 1982).

Uma vez que os custos e as receitas ocorrerão durante o projeto, os valores actuais dos custos e das receitas foram calculados para os anos 2010 a 2021, utilizando uma taxa de desconto adequada com base em cinco cenários, e foram apresentados após a revisão das actividades de reciclagem. Um projeto de investimento tem um custo inicial (o preço inicial pago pela compra e instalação de máquinas e equipamentos, aquisição de terrenos, etc.) que é apresentado com c_0. As receitas do projeto são também apresentadas como TR_0, TR_1, ..., e TR_n . Os custos de reciclagem incluem custos correntes (mão de obra, manutenção de equipamentos, materiais e afins) e são apresentados como VC_0, VC_1, ..., e VC_n . O valor atual do rendimento de TR0 é igual a TR_0, de TR1 é igual a $TR_1/1+r$, ... e de TR_n é igual a $TR_n/(1+r)^n$, em que r é a taxa de desconto. Do mesmo modo, o valor atual dos custos correntes é VC_0, $VC_{1/1+r}$, ..., e $VC_t/(1+r)^t$. O valor atual de C0 ou o custo inicial é C_0 , porque ocorre no primeiro período. Para reconhecer a justificação económica de um projeto, deve ser obtida a diferença entre a soma do valor atual das receitas e a soma do valor atual dos custos, que é o lucro ou valor atual líquido ou VAL dos projectos (White & **et al** , 1984).

$$NPV = \sum_{t=0}^{n} \frac{TR_t - VC_t}{(1+r)^t} - C_0 \tag{1}$$

Em que TR_t = valor atual do rendimento, C0 = custo inicial, VC_t = valor atual dos custos correntes, r = taxa de desconto, t = ano, n = número de anos

3.3- Rácio de rendimento interno

Outra técnica aplicada foi o rácio interno de retorno; a taxa que faz com que a taxa atual dos recebimentos seja igual ao valor atual dos pagamentos (Grant & **et al** 1976).

r = rácio interno de rendibilidade

Por outras palavras, o método ou a técnica do rácio interno de rentabilidade de um projeto é economicamente justificável quando o rácio de rentabilidade é superior à taxa mínima atractiva - ou simplesmente à taxa bancária. Ou se o rácio interno de rentabilidade for superior à taxa de desconto, o projeto é economicamente justificável, ao contrário, quando o rácio interno de rentabilidade é inferior à taxa de desconto, o projeto não é economicamente justificável (Riggs & West , 1986).

3.4 - Rácio benefício-custo

Esta técnica é também amplamente utilizada na investigação pública e em projectos sociais. A abordagem proposta é o método do valor parcial, que é apresentado a seguir.

$$B/C = \frac{\text{Public Benefits}}{\text{State Costs}} \tag{2}$$

Neste caso, os benefícios e os custos são iguais ao seu valor atual ou uniformemente anual, inspirado no valor atual líquido

são os seguintes:

Benefícios: Todos os benefícios e redução das perdas dos consumidores

Custos: Todas as perdas, redução da poupança

Símbolos contratuais utilizados na análise custo-benefício e que são necessários:

Benefícios = (+) Lucros, Receitas e Poupanças

      (-) perdas, pagamentos, perdas

Custos = (+) Pagamentos e perdas

      (-) Poupanças e receitas

Na sua explicação da relação acima referida, Skonajhad afirma

$$B/C = \frac{\text{losses - Benefits}}{\text{Costs (Expenses)}} \tag{3}$$

Para decidir se o projeto é economicamente viável ou não, podemos fazer o seguinte:

B / C> 1 O projeto tem justificação económica.

B / C <1 O projeto não tem justificação económica.

3.5- Análise de sensibilidade

A análise de sensibilidade é, de facto, um tipo de revisão da avaliação económica. Por outras palavras, a análise de sensibilidade consiste em repetir os cálculos financeiros de um processo depois de alterar os parâmetros principais e comparar os resultados obtidos com os resultados dos dados iniciais (Riggs & West , 1986).

3.6- Sociedade de Estatística

A população estatística desta investigação era constituída por duas regiões de Abadan. É de salientar que os dados recolhidos nestas zonas se referem à quantidade de resíduos domésticos recicláveis, à quantidade de resíduos sólidos, à quantidade de resíduos domésticos recolhidos, à análise quantitativa dos resíduos domésticos e à estimativa e previsão dos custos e receitas da reciclagem de resíduos, ao custo da gestão de resíduos nestas zonas.

3.7- Método de recolha de dados

A recolha de dados baseia-se em estudos de bibliotecas que são os seguintes:

Nesta investigação, foram utilizados dados de entrevistas livres com pessoal de diferentes níveis, exame de documentos existentes e preenchimento de tabelas para recolher informações. Foram utilizadas entrevistas presenciais, telefone e computador, bem como programas informáticos sob a forma de disquete, CD e Internet para recolher estatísticas e informações junto de organizações, departamentos, municípios e universidades e da biblioteca de centros relevantes que o são:

- Município de Abadan

- Organização da reciclagem e dos materiais de reciclagem do município de Abadan

- Agência de Proteção Ambiental de Abadan

- Organização da gestão e do planeamento

- Universidade Azad Islâmica, Secção de Ciência e Investigação do Khouzistão

-Método de análise da informação

Depois de completar os passos acima referidos para a conclusão final, começámos a resumir os dados, a analisar a informação, a preparar as tabelas e diagramas e, em seguida, a analisar e descrever cada uma das tabelas e gráficos de custos, benefícios e lucros da reciclagem.

No final, com base nos resultados das apresentações, são apresentadas algumas sugestões. Neste estudo, é utilizado o software Microsoft Excel para analisar os dados, utilizando as tabelas e os gráficos adequados.

3.8 - Programas **informáticos**

- Sistema operativo Microsoft Windows

- Base de dados Microsoft Excel

- Software Photoshop

- Software Power Point

3.9- Situação geográfica da cidade de Abadan no Irão

Abadan é uma cidade e a capital do condado de Abadan, na província de Khuzestan, situada no centro-oeste do Irão. Situa-se na ilha de Abadan (68 km ou 42 milhas de comprimento, 3-19 km ou 2-12 milhas de largura), a ilha é delimitada a oeste pela via navegável de Arvand e a leste pela foz do rio Karun em Bahmanshir (o Shatt al-Arab), a 53 quilómetros (33 milhas) do Golfo Pérsico, perto da fronteira entre o Iraque e o Irão

A cidade situa-se entre 29 graus e 55 minutos e 30 graus e 31 minutos de latitude norte e 12 minutos e 48 graus e 57 minutos de latitude leste.

A população civil da cidade caiu para perto de zero durante os oito anos da guerra Irão-Iraque (1980-88). O recenseamento de 1986 registou apenas 6 pessoas. Em 1991, 84.774 tinham voltado a viver na cidade.

Em 2001, a população tinha aumentado para 206.073 e, segundo o recenseamento de 2006, era de 217.988, em 48.061 famílias. A refinaria de Abadan é uma das maiores do mundo e a população atual é de quase 310.000 pessoas.

Mapa (1): Situação geográfica da cidade de Abadan, Irão

Mapa (2) NASA Visible Earth . Abadan ,Irão

Capítulo 4

Resultados e discussão

4.1-Análise física dos resíduos em Abadan

O primeiro passo para a realização de um programa de gestão de resíduos sólidos é conhecer a quantidade e a qualidade dos materiais. Assim, a identificação dos resíduos sólidos é essencial para a avaliação e seleção de equipamentos e para a conceção de programas (Bagchi, 2004). Para comparar os componentes médios dos resíduos de Abadan em 2008 e 2011, a análise física é apresentada na tabela (1). Os dados da análise física dos componentes dos resíduos em 2008 baseiam-se em informações obtidas junto do Município de Abadan (Deputy of Municipal Service of Abadan Municipality, 2011).

Para determinar a quantidade de cada componente dos resíduos urbanos em 2011, depois de planear o programa de amostragem, o representante do grupo de estudo instalou-se e começou a amostrar aleatoriamente os resíduos de 50-60 agregados familiares em toda a cidade, em coordenação com o Adjunto do Serviço Municipal.

As amostras foram pesadas e separadas após a recolha. Os componentes separados foram depois ponderados e a sua percentagem foi calculada. Este estudo foi efectuado durante quatro estações do ano de 2011. Foi efectuada uma amostragem para a análise física dos resíduos, cujos componentes eram materiais putrescíveis, papel e cartão, madeira, plástico e borracha, PET, têxteis, metais, vidro, resíduos de construção e ossos. Estes componentes foram calculados separadamente para 2008 e 2011. A Tabela (1) mostra a média da percentagem de peso dos componentes dos resíduos em 2008 e 2011.

Tabela(1) Média da percentagem de peso dos componentes dos resíduos em 2008 e 2011

Waste type	2008	2011	Mean of 2008 and 2011
Putrescible materials	60.8	66.9	63.85
Paper and cardboard	9.0	11.2	10.1
Plastic	8.1	12.6	10.35
PET	0.5	1.7	1.1
Textiles	5.3	1.1	3.2
Metals	5.1	1.35	3.22
Glass	4.5	2.8	3.65
Bone	0.8	1.22	1.01
Construction debris	3.1	0.57	1.83

Tabela(1) Média da percentagem de peso dos componentes dos resíduos em 2008 e 2011

Status of Waste in 2008 Compared to 2011	The Difference between the Average in 2008 And 2011	Materials (Type of Waste)
meaningless	No	Corrosive materials
meaningless	No	Paper and paperboard
meaningless	No	Plastic
Increase	Yes	PET
Decrease	Yes	textiles
Decrease	Yes	Metals
Decrease	Yes	Glass
meaningless	No	bone
Decrease	Yes	Bone debris

Para comparar a média dos componentes dos resíduos com base em dados anteriores, foi utilizado o software SPSS-19 e a análise /-*teste*. Os resultados do /-*teste* mostram que a percentagem média de material putrescível, papel e cartão, plástico e ossos aumentou em 2011 em relação a 2008, embora não seja estatisticamente significativa. O teste /- também mostra que a média de têxteis, metais, vidro e resíduos de construção em 2011 diminuiu significativamente em comparação com 2008 ($p<0,05$). A média de PET foi maior em 2011 do que em 2008; esta diferença também é significativa ($p<0,05$).

Os resultados da análise quantitativa dos resíduos domésticos em duas regiões municipais diferentes de Abadan em 2011 mostram que a quantidade média dos diferentes componentes dos resíduos domésticos incluía materiais putrescíveis (66,9%), papel e cartão (11,2%), plástico (12,6%), PET (1,7%), têxteis (1,1%), vidro (2,8%), metais (1,35%), resíduos de construção (0,57%) e ossos (1,22%).

Os materiais putrescíveis que continham resíduos húmidos, alimentos e pão tinham a quantidade mais elevada (66,9%) nos resíduos domésticos da cidade de Abadan em 2011, o que representava cerca de 2,3% dos materiais putrescíveis dos resíduos domésticos em Abadan. Assim, a importância e a necessidade de métodos alternativos como a compostagem parecem evidentes.

Os contentores PET representam 1,7% dos resíduos domésticos de Abadan. Estes resíduos estão a aumentar de dia para dia devido à utilização crescente deste tipo de recipientes e garrafas. O seu tempo de retorno à natureza é longo, pelo que são perigosos para o ambiente. A produção média de PET nos resíduos domésticos de Abadan aumentou em comparação com 2008, o que representa a mudança nos padrões de consumo das famílias.

Em 2011, o plástico representava 12,6% dos resíduos domésticos de Abadan. Uma vez que se trata de um sistema de reciclagem simples, que não necessita de alta tecnologia e que proporciona grandes lucros aos recicladores, a reciclagem do plástico pode ser considerada.

O vidro representa 2,88% dos resíduos domésticos de Abadan. Em comparação com outros componentes, o vidro tem um problema mínimo para o ambiente quando depositado em aterro e a sua reciclagem é economicamente justificável.

Em 2011, os metais representavam 1,35% dos resíduos domésticos em Abadan. Dois pontos devem ser considerados na reciclagem de metais; em primeiro lugar, os metais ferrosos e não ferrosos devem ser separados e, em segundo lugar, o metal não ferroso mais importante para a reciclagem é o alumínio. A fonte mais importante deste metal nos resíduos urbanos são as embalagens industriais (Wang & et al , 2007).

Os têxteis representam 1,1% dos resíduos domésticos de Abadan. Os têxteis não causam riscos ambientais significativos. Mas se forem separados na fonte e queimados, podem reduzir o custo da recolha e do transporte de resíduos, para além de terem um elevado valor térmico e deixarem poucas cinzas. Em geral, há muitos factores envolvidos na taxa de produção de resíduos, como o estatuto económico, a localização geográfica, a utilização do solo, as estações do ano e as tradições (Sengtianthr , 2004).

4.2- Resultados das técnicas de avaliação económica

Para justificar economicamente a investigação, foram utilizadas técnicas e indicadores de avaliação económica através da aplicação de dados de 2010 e 2011 da Organização de Reciclagem de Abadan (Recycling and Converting Organization of Abadan Municipality, 2011). Consequentemente, foi concebido um cenário para os materiais e produtos reciclados dos anos 2010-2021. Com base nos dados previstos para 2012, a quantidade de materiais reciclados será aproximadamente duplicada. Em seguida, a taxa de crescimento será reduzida para cerca de 50%, e será de cerca de 20% nos últimos anos desta análise, *ou seja,* 2020 e 2021. Uma vez que o peso do produto obtido a partir de materiais reciclados foi de cerca de 50% nos anos de 2010 e 2011, nesta análise assume-se que metade dos materiais reciclados dará origem a produtos até 2021. Seguindo este método, os custos de reciclagem, classificados no município de Abadan como custos fixos, custos variáveis e custos de transporte, foram previstos com base na experiência dos anos 2010 e 2011. O Quadro 3 apresenta os materiais reciclados e os produtos obtidos a partir de operações de reciclagem de resíduos em Abadan.

Quadro (3) Materiais e produtos reciclados resultantes das operações de reciclagem de resíduos domésticos em Abadan de 2010 a 2021

Year	2010	2011	2012	2013	2014	2015	2016	2017	2018	2019	2020	2021
Recycled material (ton)	1005	2145	4403	7828	11613	14390	17366	20531	23907	27491	28511	29549
Products (ton)	505	1086	2242	4010	5985	7459	9050	10756	12589	14584	15159	15784

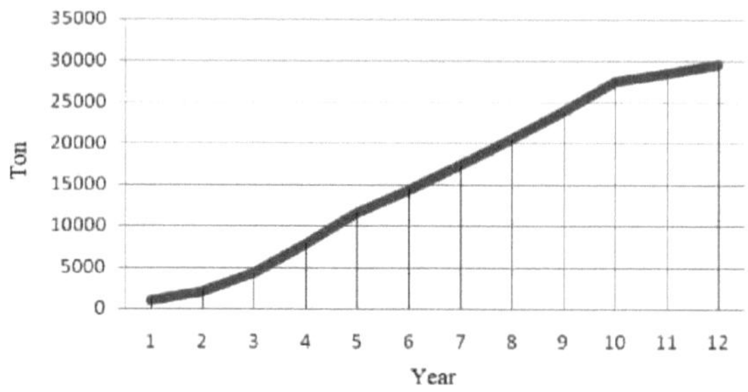

Figura 1 Quantidade de materiais reciclados em Abadan durante 2010-2021

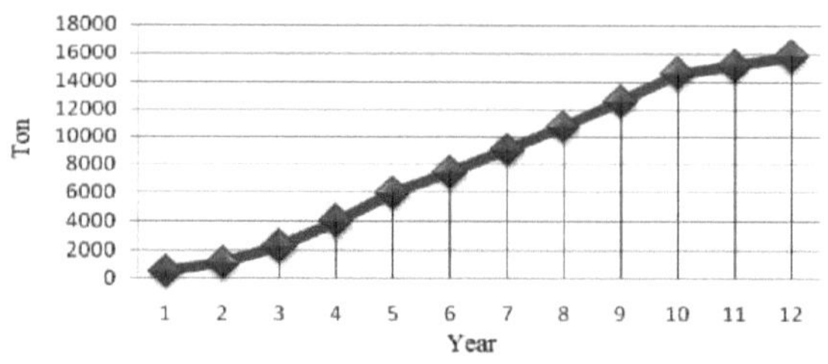

Figura 2 Quantidade de produtos reciclados em Abadan durante 2010-2021

Uma vez que o peso do produto obtido a partir de materiais reciclados foi de cerca de 50% nos anos de 2010 e 2011, nesta análise assume-se que metade dos materiais reciclados dará origem a produtos até 2021. As figuras 1 e 2 mostram a quantidade de materiais reciclados e de produtos obtidos a partir da reciclagem. Seguindo este método, os custos de reciclagem, classificados no município de Abadan como custos fixos, custos variáveis e custos de transporte, foram novamente previstos com base na experiência dos anos 2010 e 2011 (Recycling and Converting Organization of Abadan Municipality. Custos e receitas de 2010 e 2011).

Quadro (4) Custos e receitas das operações de reciclagem de resíduos domésticos em Abadan em 2010-2021

Years	TC	TCV	TCF	TCT	TR	Profit
2010	4672	1747	2878	47	758	-3914
2011	5236.8	1958	3165.8	113	1785	-3451.8
2012	6126.38	2484	3482.38	160	4041	-2085.38
2013	7427.618	3265	3830.618	332	7924	496.382
2014	8872.68	4118	4213.68	541	12968	4095.32
2015	10273.05	4935	4635.048	703	17723	7449.952
2016	12180.55	6158	5098.553	924	23586	11405.45
2017	14487.41	7334	5608.408	1545	30747	16259.59
2018	16902.25	8723	6169.249	2010	39478	22575.75
2019	19968.17	10359	6786.173	2823	50051	30082.83
2020	21770.79	11575	7464.791	2731	572227	550456.2
2021	24554.27	12932	8211.27	3411	65383	40828.73

O quadro (5) apresenta os custos e as receitas obtidos com as operações de reciclagem de resíduos domésticos em Abadan entre 2010 e 2021.

TCV	TCF	TCT	TC	TR	PROFIT
Variable cost	Annual fixed cost	Transportation cost	Total cost	Income	Net profit

4.3-Os resultados do valor atual líquido

O quadro (6) apresenta a estimativa do VAL com base em diferentes taxas de desconto.

Tabela (6) Estimativa do VAL para taxas de desconto alternativas de 4, 12, 16, 24 e 36 por cento

Years	NPVi(.04)	NPVi(.12)	NPVi(.16)	NPVi(.24)	NPVi(.36)
2010	-3914	-3914	-3914	-3914	-3914
2011	-3319.04	-3081.96	-2975.69	-2783.71	-2538.09
2012	-1928.05	-1662.45	-1549.78	-1356.26	-1127.48
2013	441.2818	353.3149	318.0109	260.346	197.3328
2014	3500.697	2602.65	2261.809	1732.212	1197.105
2015	6123.318	4227.303	3547.019	2541.236	1601.249
2016	9013.891	5778.355	4681.278	3137.489	1802.515
2017	12355.95	7355.014	5753.124	3607.097	1889.458
2018	16495.88	9117.967	6886.179	4038.952	1928.994
2019	21135.79	10848.17	7910.369	4340.337	1890.029
2020	371868.5	177232.2	124779.4	64048.05	25429.26
2021	26521.56	11737.28	7978.624	3831.134	1386.877
SUM	458295.8	220593.8	155676.3	-1549.78	-14227.3

Para realizar um projeto, o VAL deve ter um valor positivo, caso contrário o projeto não é economicamente justificável.

4.4-Resultados do rácio interno de rentabilidade

Um dos resultados técnicos apresentados no quadro 4 é a taxa de desconto interna ou $r*$. Com base nos cálculos efectuados para $r*$, o VAL deveria ser zero. Agora, como o VAL é de cerca de 150 mil milhões de Rials para a taxa de desconto de 16% e de cerca de -0,15 mil milhões de Rials para a taxa de 24%, a taxa $r*$ é atingida a 21% através de um método de interpolação.

4.5-Estimação e interpretação dos resultados com base no rácio benefício-custo

Na Tabela (7), é calculado o rácio benefício-custo, que é de cerca de 5, 4,1 e 3,7 para o projeto, indicando que 1 unidade de investimento e custo no projeto tem 5, 4,1 e 3,7 de rendimento. Este rácio, com uma diferença significativa, indica a justificação do projeto de resíduos domésticos de Abadan e observa-se que este rácio diminui com o aumento das taxas de desconto.

Tabela (7) Estimativa do rácio B / C com taxas de desconto alternativas de 4, 12 e 16 por cento

	B		
	NPVi(.04)	NPVi(.12)	NPVi(.16)
0	758	758	758
1	1716.346	1593.75	1538.793
2	3736.132	3221.46	3003.121
3	7044.407	5640.147	5076.571
4	11085.1	8241.398	7162.111
5	14567.01	10056.51	8438.151
6	18640.36	11949.4	9680.691
7	23365.19	13908.38	10879.2
8	28846.19	15944.5	12041.79
9	35165.17	18048.89	13161.06
10	386576.1	184241.8	129714.5
11	42471.55	18796.05	12776.94
SUM	573971.5	292400.3	214230.9
B/C	5	4.1	3.7

	C		
	NPVi(.04)	NPVi(.12)	NPVi(.16)
	4672	4672	4672
	5035.385	4675.714	4514.483
	5664.183	4883.913	4552.898
	6603.125	5286.832	4758.56
	7584.404	5638.748	4900.302
	8443.696	5829.203	4891.132
	9626.468	6171.047	4999.413
	11009.24	6553.368	5126.073
	12350.31	6826.535	5155.616
	14029.37	7200.724	5250.691
	14707.57	7009.612	4935.081
	15949.99	7058.766	4798.319
	115675.7	71806.46	58554.57

4.6-Revisão das avaliações económicas utilizando a análise de sensibilidade

Análise de sensibilidade; os custos foram aumentados em 25% no início e os resultados da avaliação económica foram novamente calculados. As Tabelas 8 e 9 são obtidas através de novos cálculos com base num aumento de 25% nos custos. Para além do aumento de 25% nos custos do projeto, tentámos reduzir os benefícios do projeto em 25% no passo seguinte e obtivemos a tabela do valor atual líquido através de novos cálculos. Os resultados da análise de sensibilidade mostram que os resultados dos indicadores são quase igualmente sensíveis aos valores dos custos e dos benefícios.

Quadro (8) Cálculo do valor atual líquido com um aumento de 25% dos custos

Discount rate	4%	12%	16%	24%	36%
NPV	333211	197115	-1486	-251940	-310719

Discount rate	4%	12%	16%	24%	36%
NPV	333211	197115	-1486	-251940	-310719

Os resultados obtidos a partir do cálculo do valor atual líquido mostram que o valor deste indicador é de 458295,8 milhões de Rials para uma taxa de desconto de 4%. Por outras palavras, o valor atual líquido do projeto com uma taxa de desconto de 4% é de cerca de 460 mil milhões de Rials. Este indicador é de cerca de 220 mil milhões e 150 mil milhões de Rials para taxas de desconto de 12% e 16%, respetivamente. Assim, para realizar operações de reciclagem em Abadan, estas podem ser efectuadas com taxas de desconto de 4%, 12% e mesmo 16%. Mas o VAL para uma taxa de desconto de 24% está associado a um lucro negativo de cerca de 1,5 mil milhões de Rials, o que indica que a avaliação da investigação com uma taxa de desconto de 24% não é economicamente justificável. Com uma taxa de desconto de 36%, este indicador atinge uma perda de cerca de 14 mil milhões de Rials. O quadro 10 apresenta o resultado final do indicador económico do valor atual líquido com base em cinco cenários em Abadan.

Discount rate (%)	Sum of NPV in years 2010-2021 (million Rials)
4	458295.8
12	220593.8
16	155676.3
24	1549.78
36	14227.3

Quadro (10) Resultados finais do cálculo do índice económico VAL dos resíduos domésticos recicláveis em Abadan com base em cinco cenários

O resultado mais importante deste estudo é que a realização do projeto é possível através de subvenções do governo com taxas de juro baixas (em comparação com o mercado livre e os bancos privados), devido às elevadas taxas de juro do capital no sistema bancário e no mercado livre, fora do sistema bancário no Irão. As autoridades municipais e o governador de Abadan, bem como o delegado para o planeamento da província de Khuzestan, devem ter em conta que as subvenções governamentais podem oferecer perspectivas adequadas para o investimento do sector privado. Esta conclusão é importante porque, nos cálculos mencionados, os lucros resultantes da redução da deposição em aterro não são incluídos no modelo, o que significa que, sempre que o assunto é estudado em termos de análise de custo-benefício social, o benefício social do projeto de reciclagem aumenta significativamente. Uma vez que este benefício não é pago ao investimento do sector privado e, de facto, conduz a um maior bem-estar social, pode ser uma razão para a assistência governamental. Os resultados dos cálculos do rácio interno de rentabilidade mostram que a taxa $r*$ atingiu cerca de

21% através do método de interpolação, o que constitui uma taxa de desconto significativa nos cálculos económicos, em comparação com as subvenções estatais (com taxas de juro baixas). Uma vez que o rácio interno de rentabilidade é superior à taxa de desconto, o projeto de reciclagem de resíduos domésticos é justificável em Abadan.

Os resultados da análise de sensibilidade mostram que os resultados dos indicadores são igualmente sensíveis aos valores dos custos e dos benefícios. Por conseguinte, a rentabilidade da reciclagem de resíduos em Abadan diminui, o que significa que a reciclagem só é economicamente justificável se as organizações governamentais e locais apoiarem estes projectos através de financiamento com taxas de juro baixas e considerarem estes projectos como projectos específicos que precisam de ser apoiados. Uma vez que os efeitos externos positivos, como os benefícios sociais da reciclagem, tais como a diminuição dos impactos ambientais e a redução dos danos ambientais, tais como a beleza paisagística da região, não são avaliados neste estudo, e a taxa de retorno considerada pertence a projectos do sector privado, e no que diz respeito aos efeitos ambientais positivos das actividades de reciclagem consideradas, os benefícios gerados não têm direito aos executantes da reciclagem. Neste contexto, o governo, como representante da comunidade, deve compensar uma parte dos benefícios para os executantes do projeto através de apoio legal, como a isenção de pagamento de impostos ou facilidades bancárias baratas. A comparação dos resultados deste estudo com outros estudos mostra que:

O projeto de avaliação económica dos resíduos da Califórnia, em 2004, mostrou que a venda direta de materiais reciclados tem um impacto económico de 10 mil milhões de dólares e que a reciclagem de resíduos domésticos recicláveis é economicamente justificável e deve ser objeto de investimento (Green Leigh & Patterson , 2004). Num projeto destinado a examinar o papel da reciclagem na geração de fundos públicos em Massachusetts, em 2009, o cálculo dos efeitos diretos da reciclagem revelou um benefício de 3,2 milhões de dólares, o que justifica economicamente a reciclagem de resíduos domésticos em Massachusetts (Podolsky, 2007). Rendell e Wang também consideram a reciclagem de resíduos domésticos, comerciais e industriais em Hong Kong economicamente justificável na sua investigação (Wong , 2012).

Referências:

- PNUA, 2005 a. Global Environment Outlook (GEO) 3 Data Portal, Programa das Nações Unidas para o Ambiente. <http://geodata.grid.unep.ch/> (Retrieved1.11.2005).

- UNDESA, 2005. Agenda 21 - Capítulo 21 - Ambiente saudável

  Management of Solid Wastes and Sewage-related Issues, Divisão para o Desenvolvimento Sustentável, Departamento de Assuntos Económicos e Sociais das Nações Unidas.

  <http://www.un.org/esa/sustdev/documents/agenda21/index.htm> (Recuperado em 1.07.2005).

- Alexis M. Troschinetz, James R. Mihelcic; Sustainable recycling of municipal solid waste in developing countries; Waste Management 29 (2009) 915-923.

- Paola Castaldi, Guido Alberti, Roberto Merella, Pietro Melis; Study of the organic matter evolution during municipal solid waste composting aimed at identifying suitable parameters for the evaluation of compost maturity; Waste Management 25 (2005) 209-213.

- Junbeum Kim, Yongwoo Hwang, Kwangho Park; Uma avaliação do potencial de reciclagem de materiais com base em factores ambientais e económicos; estudo de caso na Coreia do Sul; Journal of Cleaner Production 17 (2009) 1264-1271.

- Gang Zhang, Jing Hai, Jiang Cheng; Caracterização e balanço de massa de dioxinas de um incinerador de resíduos sólidos urbanos em grande escala na China; Waste Management 32 (2012) 1156-1162.

- Conesa, J.A., Rey, L., Egea, S., Rey, M.D., 2011. Formação de poluentes e emissões da chaminé do forno de cimento usando um combustível sólido recuperado de resíduos sólidos urbanos. Environmental Science & Technology 45, 58785884.

- Hanna Merrild, Anna W. Larsen, Thomas H. Christensen, Avaliando a reciclagem versus incineração de materiais-chave em resíduos urbanos: The importance of efficient energy recovery and transport distances; Waste Management 32 (2012) 1009-1018.

- Agência de Proteção Ambiental dos Estados Unidos. Recycling is working in the United States (A reciclagem está a funcionar nos Estados Unidos). Washington, D.C.; 2002.

- Misra V, Pandey SD. Hazardous waste, impact on health and environment for development of better waste management strategies in future in India (Resíduos perigosos, impacto na saúde e no ambiente para o desenvolvimento de melhores estratégias de gestão de resíduos no futuro na Índia). Environment International 2005;31:417-31.

- Troschinetz AM, Mihelcic JR. Reciclagem sustentável de resíduos sólidos urbanos em países em desenvolvimento. Waste Management 2009;29:915-23.

- Shekdar AV. Gestão sustentável de resíduos sólidos: uma abordagem integrada para os países asiáticos. Waste Management 2009;29:1438-48.

- Bob Jan Schoot Uiterkamp, Hossein Azadi, Peter Ho; Modelo de reciclagem sustentável: Uma análise comparativa entre a Índia e a Tanzânia; Resources, Conservation and Recycling 55 (2011) 344-355.

- Anuário estatístico da província de Khuzestan, 2006.

- W. Zhao, R.B. Leeftink, V.S. Rotter; Evaluation of the economic feasibility for the recycling of construction and demolition waste in China-The case of Chongqing; Resources, Conservation and Recycling 54 (2010) 377-389.

- Yu-Chi Weng, Takeshi Fujiwara; Examinar a eficácia dos sistemas municipais de gestão de resíduos sólidos: An integrated cost-benefit analysis perspective with a financial cost modeling in Taiwan; Waste Management 31(2011)1393-1406.

- Q. Hamidul Bari, K. Mahbub Hassan, M. Ehsanul Haque; Reciclagem de resíduos sólidos na cidade de Rajshahi, no Bangladesh; Waste Management xxx (2012) xxx-xxx [artigo no prelo].

- Rui Cunha Marques*, Nuno Ferreira da Cruz, Pedro Carvalho; Avaliando e explorando a (in)eficiência nos sistemas de reciclagem portugueses utilizando métodos não paramétricos; Resources, Conservation and Recycling 67 (2012) 3443.

- Doron Lavee, Uri Regev, Amos Zemel; The effect of recycling price uncertainty on municipal waste management choices; Journal of Environmental Management 90 (2009) 3599-3606.

- Joe Pickin; Representations of environmental concerns in cost-benefit analyses of solid waste recycling; Resources, Conservation and Recycling 53(2008)79-85.

- Teixeira, J., Antunes, A.P., Sousa, J.P., 2004. Planeamento da recolha de resíduos recicláveis - um estudo de caso. Jornal Europeu de Investigação Operacional 158, 543-554.

- Dijkgraaf, E., Gradus, R., 2003. Cost savings of contracting out garbage collection. Empirica - Journal of Applied Economics and Economic Policy 30 (2), 149-161.

- Karousakis, K., Birol, E., 2008. Investigating household preferences for kerbside recycling services in London: a choice experiment approach. Journal of Environmental Management 88 (4), 1099-1108.

- Folz, D.H., 2004. Service quality and benchmarking the performance of municipal services. Public Administration Review 64 (2), 209-220.

- Weng YC, Fujiwara T. Examinar a eficácia dos sistemas municipais de gestão de resíduos sólidos: uma perspetiva integrada de análise de custo-benefício com uma modelação de custos financeiros em Taiwan. Waste Management 2011;31:1393-406.

- Bel G, Fageda X. Análise empírica dos custos de gestão de resíduos sólidos: algumas evidências da Galiza, Espanha. Recursos, Conservação e Reciclagem 2010;54:187-93.

- Bohm RA, Folz DH, Kinnaman TC, Podolsky MJ. Os custos dos programas municipais de resíduos e reciclagem. Recursos, Conservação e Reciclagem 2010;54: 864-71.

- Organização de Gestão do Planeamento da Província de Khuzestan. 2016. Anuário estatístico da província de Khuzestan.

- Heinzerling,Lisa e Frank.Ackerman.(2002). "Pricing The Priceless: Cost- Benefit Analysis of Environmental Protection", Georgetown Environmental Law and Policy Institute, University Law Center.

- M.Mehdi Oskounejad, Aspects of Engineering Economy studies under inflation, ph.D, Dissertation research, Mississippi State University, 1982.

- John A. White / Marving H. Agee / Kenneth E.Case, Principles of Engineering Economic Analysis, John Wiley,1984.

- Riggs,James.L e Thomas M.West.(1986). Engineering Economics, McGraw-Hill.

- Eugene L. Grant / W.G. Ireson / R. S. Lavenworth, Principles of Engineering Economy, sixth, John Wiley,1976

- Bagchi, A., Design of Landfills and Integrated Solid Waste Management. John Wiley and Sons, Inc., Nova Jersey. 3 Edição, 2004.

- Deputy of Municipal Service of Abadan Municipality, 2010, Abadan Municipal Waste Component Analysis in 2002 and 2010.

- Wang, L.S., et al., Screening and estimating of toxicityformation with photobacterium bioassay during chlorine disinfection of wastewater. J Hazard Mater, 2007. 141(1): 289-94a.

- Sengtianthr, V. 2004. Gestão de Resíduos Sólidos em Áreas Urbanas da Cidade Capital de Vientiane usando GIS30th WEDC International Conference, Vientiane, Lao PDR.

- Recycling and Converting Organization of Abadan Municipality, 2011, a quantidade de materiais e produtos reciclados em 2010 e 2011.

- Organização de reciclagem e transformação do município de Abadan. Custos e receitas de 2010 e 2011.

- Green Leigh, Nancy e Lynn. M. Patterson. (2004). "Southeast regional finance center", programa de planeamento urbano e regional da Geórgia.

- Podolsky, M.J. (2007). "Municipal solid waste recycling Issues", Agência de Proteção Ambiental dos EUA, Washington, D.C., documento de trabalho.

- Wong, Lawrence. (2012). "Recycling in Hong Kong: from Collection Bins to Recycling Facilities", Departamento de Proteção Ambiental do Governo da RAEHK.

- Andrew, Simmon. (1997). "O plástico recicla o tempo". Departamento de Engenharia Mecânica

- Beck, R.W.(2001).". Executive summery for the national recycling coalition", U.S. recycling economic study.

- Relatório da E.P.A. (1998). Decision - Makers giude to solid waste management, documento de trabalho

- Williams, Paul (1999). "waste treatment and disposed", john willy and sons

- Rendel, Edward e Kathleen A.mc Ginty. (2007). "recycling means economic and environmental Benefits ForPennsylvania", documento de trabalho.

- Relatório do estudo Recycling Economic Information, DSM Environmental services. (2009). " The Massachusetts Recycling Economy", documento de trabalho.

- Relatório do estudo U.S. Recycling Economic Information (2001).

- Relatório da U.S. Recycling Economic Information (2001). "Recycling work in Pennsylvania: the Economic Benefits".Departement of Environmental protection ,working paper.

- Relatório do departamento de redução de resíduos e proteção ambiental do Eco Park Group. (2009). "Recuperação e reciclagem de resíduos sólidos urbanos em Hong Kong. "Documento de trabalho

- Islami Nejad, Parham e Jalaleddin Shayegan. (2003) "Potential of energy recovery from degradable waste in Tehran" (Potencial de recuperação de energia a partir de resíduos degradáveis em Teerão): Faculdade de Engenharia Mecânica, Universidade de Tecnologia Sharif.

- Bahawar, Atoosa. (2001). Economics and Marketing of Compost in Iran, Islamic Azad University, Tehran Medical Branch.

- Papeli Yazdi, Mohammad Hossein e Fatemeh Vosoughi. (2004). "Organização de Indústrias de Reciclagem de Resíduos Abrangentes na Cidade de Mashhad Criando uma Cidade de Recuperação", Revista de Geografia e Desenvolvimento: 148-165.

- Hosseini Kia, Alireza. (2008). "Survey On the Collection and Disposal of Municipal Solid Waste of Buienzahra (Qazvin Province) And Presentation of Environmental Management Program", Tese de Mestrado em Ciências Ambientais, Islamic Azad University.

- Khanzadeh, Firooz (2010) "The Study of Economic, Social and Cultural Parameters Affecting the Process of Production of Solid Wastes in the City of Ahwaz", tese de mestrado em Ambiente, Universidade Islâmica Azad.

- Davami, Amir Hossein (2009). "Economic Evaluation of Household Recyclable Wastes of Ahvaz City", tese de mestrado em Ambiente, Universidade Islâmica Azad, Secção de Ciência e

Investigação de Teerão.

- Dehghani, Mohammad Hadi, Emad Dehghanifard, Kamal Azam, Alireza Askari e Mohammad Mehdi Banishi. (2009). "Quantitative and qualitative study of Solid Waste Recycling Potential in Tehran", Journal of Knowledge and Wellbeing, n.º 1, p. 41 e 43.

- Organização de Gestão do Planeamento da Província de Khuzestan. Anuário estatístico da província de Khuzestan.

- Abdoli, Mohammad Ali .1993. Urban Solid Waste Management System and Its Control, Tehran Municipality Recycling and Transformation Publication.

- Abdoli, Mohammad Ali .1993. Urban Solid Waste Management System and Its Control, Tehran Municipality Recycling and Reproduction Publication.

- Abdoli, Mohammad Ali .2000. Urban Solid Waste Management and its Control Methods, Tehran Municipality Recycling and Conversion Publication.

- Abdoli, Mohammad Ali .2000. Urban Solid Waste Management, Urban Waste Disposal and Recovery, Vol. 1: Publications of the Municipality Organization.

- Abdoli, Mohammad Ali, 2005. Reciclagem de resíduos sólidos urbanos, Publicação da Universidade de Teerão.

- Abdoli, Mohammad Ali, Abdolreza Karbasi e Mona Ghaznavi Kashani. (2009). "Recycling of Waste - A Case Study of Tehran", 12.ª Conferência Nacional sobre Saúde Ambiental no Irão: Universidade de Ciências Médicas Shahid Beheshti, Escola de Saúde Pública.

- Omrani, Ghasemali. (1994). Resíduos sólidos, gestão da recolha, transporte, saneamento e produção de composto, Volume I, Publicação da Universidade Islâmica Azad.

- Farzad Kia, Mehdi, Mansour, Soltani e Arash Dalvand (2009). "Study of the Economic and Environmental Aspects of Recycling Glass, Paper and Cardboard Waste from Delijan City", Twelfth National Conference on Environmental Health in Iran: Faculdade de Saúde da Universidade de Ciências Médicas de Shahed Beheshti.

- Mortazai, Adel. (2002). "Recycling Breakdown in the UK", Nota especial sobre gestão de resíduos, n.º 2.

- Monavari, Massoud (1995). Urban Waste Landfill Guidelines, Environmental Journal, No. 1, Environmental Organization Publications.

- Monavari, Massoud. (1997). Waste Management in Russia.

- Monavari, Masoud. (2002). Urban landfill environmental assessment model, Tehran Municipality Recycling and Conversion Organization, Urban Deputy, Department of Education.

- Monavari, Masoud, Zahra Abedi, Ghasem Ali Omrani, Roya Mosazadeh. (2009). Study of the Economic Value of Recoverable Household Waste in Karaj, Edição Especial de Ciência e Tecnologia Ambiental, n.º 4.

- Engenheiros consultores de polímeros. (1992). "How to Recover and Modify the Properties of Plastic Waste", Actas da Primeira Conferência sobre Reciclagem e Conversão de Materiais, Organização para a Reciclagem e Conversão de Municípios de Teerão.

- Vosoughi, Fátima. (2002) "Social Investigation of Informal Jobs in Collecting Solid Wastes of Khorasan Province", Quarterly Journal of Geographic Research, No. 70.

- Yaghmaeiyan, Kamyar (2002). Recovery of Necessity of the World Today, Special Issue of the Municipality, No. 7, Publications of the Organization of Municipalities of Iran.

FSC
www.fsc.org
MIX
Papier aus verantwortungsvollen Quellen
Paper from responsible sources
FSC® C105338